PLUTÔT RUSSE QUE MORT !

Ouvrages de Cabu

Le Grand Duduche, *Dargaud, 1968*
Le Grand Duduche ("Il lui faudrait une bonne guerre"), *Dargaud, 1970*
Le Journal de Catherine, *Le Square, 1971*
Les Aventures de Madame Pompidou, *Le Square, 1972*
Le Grand Duduche (L'Ennemi intérieur), *Le Square, 1973*
Le Grand Duduche en vacances, *Le Square, 1974*
Mon Beauf, *Le Square, 1975*
Ouvrez le massacre (La démolition de Châlons),
en collaboration avec J.M. Boëglin, Le Sagittaire, 1976
A bas toutes les armées ! *Le Square, 1977* (épuisé)
Catherine saute au paf, *Le Square, 1978*
La France des Beaufs, *Le Square, 1979*
Maraboud'ficelle, *en collaboration avec W. Leymergie, Dargaud, 1980*
Camille-le-Camé contre mon Beauf, *Le Square - Albin Michel, 1980*
Inspecteur la Bavure, *en collaboration avec Hugot, Le Square - Albin Michel, 1980*
Le Grand Duduche et la fille du proviseur, *Dargaud, 1980*
Votez Mère Denis, *Le Square - Albin Michel, 1981*
A bas la mode ! *Dargaud, 1981*
Mitterrand et son Beauf, *Albin Michel, 1984*
Bien dégagé sur les oreilles, *La Découverte, 1985*
Le Nez de Dorothée, *Éditions AB, 1986*
Showbiz, *Albin Michel, 1986*
Rôti de Beauf, *1985*

Ouvrages de Claude-Marie Vadrot

Les Tigres de papier, *Le Seuil, coll. « Combats », 1975*
Mort de la Méditerranée, *Le Seuil, 1977*
La Nature sauvegardée, *Atlas, 1985*
L'URSS, *Larousse, 1985*
Guide de la France verte, *Syros, 1985*
La France sauvage, *Hachette, 1985*

Cabu
Claude-Marie Vadrot

PLUTÔT RUSSE QUE MORT !

Seuil
*27, rue Jacob, Paris VIe*

ISBN 2-02-009668-4

Au camarade Gorbatchev, en témoignage d'étonnement sceptique et pour alimenter ses prochains discours sur l'état de l'Union...

Arbat
rue piétonne

Le couteau est ébréché

Il était une fois un journaliste qui connaissait l'URSS et un autre journaliste, dessinateur, qui ne la connaissait que par les ouï-dire qu'alimentent tous ceux qui confondent leurs fantasmes et les réalités, fussent-elles socialistes. Il était une fois, aussi, deux journalistes qui, n'ayant jamais fait partie de la famille, des anciens, des déçus, des exclus, des paléos, des euros, des rénovés, des rénovants et des rénovateurs, n'ont rien à se faire pardonner ni aucune foi à abjurer solennellement, donc aucun compte à régler.

Il était une fois, donc, deux journalistes partis au pays des Soviets, en train, en avion et en voiture, sans avoir l'impression de vivre leur année de tous les dangers et sans mettre leurs pas dans ceux de Tintin. Ils y sont retournés à plusieurs reprises et figurez-vous que nos héros sont encore vivants et qu'ils n'ont attrapé aucune maladie. Pourtant, comme les bonnes âmes les en avaient prévenus, ça a été très dur.

Il a d'abord fallu supporter avec stoïcisme l'ingestion répétée du caviar, de la vodka, du bœuf Stroganov et de l'esturgeon fumé. Ensuite il a fallu endurer à plusieurs reprises une orchestration soviétique de la *Danse des canards*, un des tubes socialistes du moment avec les chansons du regretté Jo Dassin. Ensuite, ils ont dû s'habituer à lire des caractères cyrilliques sur les panneaux Decaux qui colonisent peu à peu le centre de Moscou. Et ce n'est pas tout.

Cabu, venu pour s'enivrer des chœurs de l'armée rouge, a dû écouter plus de rock qu'il n'en avait entendu de toute sa vie à Paris et il a dû se contenter, à la télé du dimanche matin, de l'interview des militaires de service commémoratif dont les propos étaient sans cesse parasités par le bruit de leurs médailles tintinnabulant dans les micros. L'épreuve était d'autant plus éprouvante pour lui que l'émission suivante offrait encore du rock. Moscou, terre de contrastes...

Cela n'est rien auprès du désespoir de nos deux héros guettant anxieusement, mais en vain, les blondes vaporeuses et polyglottes que le fameux KGB ne devait pas manquer de glisser intelligemment sous leurs couettes quelques jours après leur arrivée. Pour les compromettre ou les convertir aux délices du réalisme soviétique. Rien. Même à Paris après leur retour. A tel point qu'ils se sont demandé si le KGB n'avait pas lancé une grève sauvage et, évidemment, secrète.

Restait le martyre médiatique. Fouinant et dessinant, se baladant où ils en avaient envie sans même savoir que Gorbatchev était un libéral, ricanant et posant des questions à n'importe qui, ils n'ont pas réussi à s'attirer l'attention du moindre policier. Et à la frontière personne n'a attaché la plus petite attention à leurs notes et dessins. Un bide, un vrai désastre pour nos deux intrépides qui n'ont été interpellés par la Milice que pour avoir brûlé un stop à Leningrad au volant de leur voiture de location. Fous d'audace, prenant des risques inouïs sous prétexte qu'ils étaient pressés, ils n'ont même pas obtempéré.

De cette grande aventure discrète accomplie sans le moindre guide officiel, ils ont rapporté quelques instantanés sur la vie quotidienne et sur la vie tout court, à Moscou et à Leningrad. Avec l'impression que, Gorbatchev ou pas, l'URSS n'est certainement pas le paradis décrit par quelques-uns ni non plus l'enfer raconté par quelques autres.

Mais, c'est vrai aussi, nos deux héros n'ont pas poussé... l'héroïsme jusqu'à tenter de prendre le train pour Gorki du temps où Sakharov y vivait contraint et forcé, ni fait la queue pour exiger un visa d'immigration pour Israël ou les États-Unis. Pas plus qu'ils n'ont demandé à faire les TUC en Sibérie.

Une démocratie, l'URSS ? Qui a dit cela ? Pas nos deux héros, en tout cas. Mais quelles que soient leurs opinions sur les dirigeants du Kremlin et leur façon de poursuivre la gestion du pays sur la lancée des tsars, ils ont trouvé des gens qui vivent, qui s'amusent, qui souffrent, qui s'aiment, qui se distraient, et qui mangent... sans toujours se poser les

questions qui agitent les intellectuels vivant du « bon côté » du rideau de fer. La meilleure preuve : Gorbatchev met des officiers du KGB en taule, change les programmes de la télé, laisse les journalistes écrire les mêmes horreurs que leurs collègues occidentaux, dénonce la mauvaise justice, laisse les cinémas projeter tous les films de Tarkovsky, transforme Sakharov en chef de l'opposition, et ces matérialistes de Soviétiques font remarquer, grossièrement, qu'il n'y a toujours rien dans les épiceries...

Les Soviétiques ne dévorent plus les petits enfants et le couteau qu'on leur dessinait autrefois entre les dents est bien ébréché. C'est clair, les Rouges ne passent plus leur vie à broyer du noir, même si leur existence n'est pas encore rose tous les jours.

Sans indulgence mais aussi sans exagération, naviguant entre l'avant- et l'après-Gorbatchev, nos deux voyageurs, qui ne se prennent donc pas pour des héros, ont gentiment croqué les Soviétiques et quelques-uns de leurs problèmes connus ou inconnus. En simplifiant. Et en choisissant l'humour, comme le font tous les gens qu'ils ont rencontrés, mais aussi avec tendresse pour un, pour « des » peuples qui gagnent plus à être connus qu'à être boycottés...

Une démarche logique puisque les histoires drôles ou moins drôles que les Soviétiques – y compris les plus haut placés – se racontent sur leur vie et leurs difficultés s'appellent, en russe, des « *aniekdotes* ». Preuve que l'humour français ne devrait pas les fâcher.

Un dernier point : ils ne sont pas allés au Kremlin parce que, pendant les travaux de réfection, c'est encore fermé aux journalistes...

Si Gorbatchev veut faire de ce livre un programme de gouvernement, les auteurs ne réclameront pas de droits...

le dialogue EST-OUEST

Touriste français au look tristouille des années 30

Jeune Moscovite branché années 60

Le Transsibérien : jamais sans biscuits...

Partir pour Moscou en avion, en un peu plus de trois heures, c'est banal. Par le train il subsiste un parfum d'aventure que nous avons humé avec délices. Elle commence tous les jours à 16 heures 42, gare du Nord, et se termine quarante-huit heures plus tard à la gare de Biélorussie, à 15 heures 2, heure locale. Et juste à l'heure, dans l'une de ces fantastiques gares moscovites auprès desquelles les nôtres ressemblent toutes à des haltes de banlieue. Et puis, la gare russe, c'est un monde qui vit vingt-quatre heures sur vingt-quatre, un lieu où l'on vit et mange. Il y a un mot pour cela : caravansérail. On se demande comment font les trains pour y trouver leurs voyageurs et on a l'impression que c'est tous les jours l'exode.

L'aventure de notre Transsibérien, c'est d'abord la superbe et inévitable blonde vêtue, gantée et bottée de cuir rouge ou noir qui agite sa toque de fourrure blanche à la fenêtre du compartiment voisin. Il y en a une à chaque départ dans l'un des deux wagons qui partent tous les jours vers la Russie à travers la Belgique, les Allemagnes et la Pologne. Elle a toujours un accent merveilleux. Elle est toujours mariée à un Français qui l'a ramenée dans ses bagages en ayant l'impression d'avoir remporté une grande victoire personnelle et politique. Et elle va toujours rendre visite à sa vieille maman qui sanglote à la russe sur le quai d'arrivée à Moscou. Elle a des valises extraordinaires et volumineuses qui servent de passe-temps aux douaniers soviétiques en attendant que le train change de boggies dans un grand hangar de Brest-Litov ; ensuite ces bagages serviront à rappeler à ses amis russes, au milieu des pleurs, à quel point l'exil est un perpétuel enchantement.

L'aventure, c'est aussi le partage d'un sleeping double avec un fonctionnaire soviétique qui rentre au pays après un long séjour en France : en règle générale, dans le compartiment, il reste tout juste assez de place pour caser une brosse à dents entre deux cartons solidement ficelés chez Tati. Alors, pour qui voyage avec deux brosses à dents, la seule solution est de négocier un autre sleeping avec le responsable – russe – du wagon qui rigole quand on lui décrit l'envahissement du compartiment. « Vous pourrez toujours ricaner au passage de la douane pour vous venger », s'esclaffa le conducteur du premier train pris en 1980 pour Moscou, à l'occasion des jeux Olympiques, après que je lui eus expliqué qu'il y avait des cartons jusqu'au plafond des toilettes. Puis il me donna un autre compartiment, gentiment.

Avec Cabu, nous n'avions pas de cartons ficelés mais de solides sacs à provisions. Car le Moscou-Paris est le seul train international à bord duquel il est facile de commencer par inadvertance un vrai régime : rien à manger. Au nom d'un sombre et très mystérieux désaccord sur le passage d'un wagon restaurant entre l'Est et l'Ouest... à moins que cela ne soit le contraire.

J'ai découvert l'étendue de ce désastre au cours de mon premier voyage, en lisant un roman de Lanzmann, *le Transsibérien.* Le héros y prend ce train russe à la gare du Nord, un jour, en fin d'après-midi

PARIS-MOSCOU PAR LE TRAIN

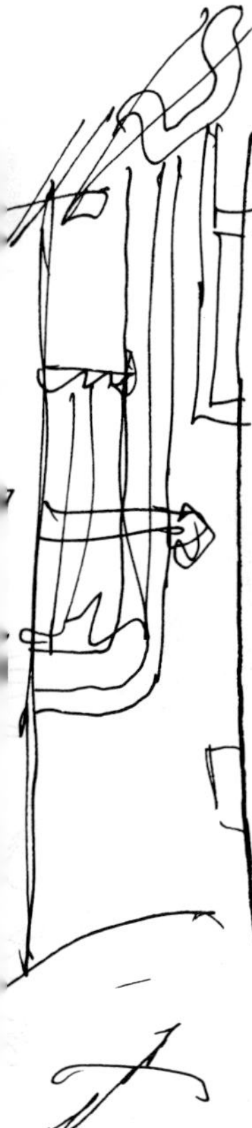

Claude-Marie Vadrot
fait une petite sieste

et, évidemment, il y rencontre une superbe créature soviétique, créature de rêve merveilleusement adaptée au voyage romantique à travers la taïga. Le héros, qui n'est pas un pur esprit, comprend rapidement qu'en dehors de la blonde il n'aura rien à croquer... J'ai abordé la lecture de ces lignes essentielles quelques minutes avant la frontière allemande. Le temps de m'assurer que ce point palpitant de l'histoire n'était pas romancé et l'avant-dernier arrêt était passé : parti pour un voyage au long cours, j'avais mitonné tous les aspects du trajet et pensé à tout, sauf à m'approvisionner. Il ne restait qu'un arrêt de deux minutes pour rafler, en dollars et à un taux usuraire, une poignée de hot dogs dans le dernier buffet de gare ouest-allemand. Dur, très dur, malgré la qualité du thé que distille très généreusement le responsable du wagon dans son samovar.

Dans ces conditions, la première saucisse soviétique du dernier matin de train a le goût du caviar doré. Car la diète se termine au début de la matinée, après l'entrée en URSS.

la place des Trois gares

Depuis quelques années, la situation alimentaire de ce grand trajet a évolué : le deuxième jour, entre 10 heures et 10 heures 45, un wagon-bar polonais se joint discrètement au convoi. Nul ne sait pourquoi il le quitte si vite. Sauf, peut-être, le fonctionnaire du Plan qui a téléguidé ce wagon que, évidemment, personne ne fréquente puisqu'il ne fait même pas officiellement partie du train.

Cabu et moi avions pris nos précautions pour traverser la taïga enneigée en plein cœur de l'hiver. Nous avons dévoré nos provisions en regardant défiler les traîneaux, les forêts, les oiseaux, les étangs gelés et les biches. Bien au chaud. De temps à autre, il y avait même de belles locos à vapeur se donnant un mal de chien pour brûler le charbon polonais, le seul qu'il soit possible de reconnaître à l'odeur trente kilomètres avant de rencontrer la locomotive.

A la frontière, pendant le dialogue avec les douaniers qui avaient des difficultés idéologiques avec un dessin du *Canard enchaîné,* d'autres douaniers bricoleurs ont démonté quelques plafonds de comparti-

a place des Trois gares

ment, dont le nôtre. Ils y ont trouvé une très belle collection de produits de beauté, de quoi ravaler la façade d'une douzaine de Soviétiques pendant un an. Il nous a fallu expliquer que nous n'étions pas les cachottiers à accuser. Et ils nous ont crus. Ce qui leur a évité de faire un procès-verbal de saisie, et ce ne sont pas leurs épouses qui s'en seront plaintes...

Enfin libres !

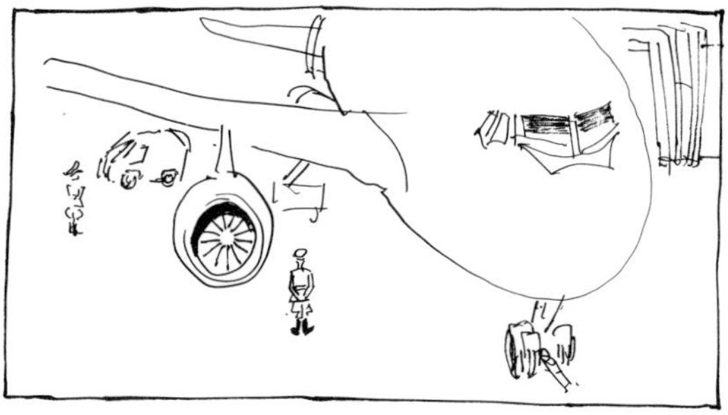

Le premier contact avec Moscou lorsque l'on arrive par avion ne peut que provoquer un enthousiasme extraordinaire : au pied de l'avion, à l'entrée du couloir articulé qui mène vers l'aérogare, chaque fois que le couloir fait un détour, stationne un de ces beaux militaires qui peuplent les cauchemars personnels de Cabu. « Ah, c'est pas ici, monsieur, disent les arrivants sympathisants qui veulent déjà s'excuser, qu'il y aurait des attentats. » En effet, car ils n'ont pas l'air de rigoler et toute tentative pour leur arracher un sourire se solde par un échec : on doit leur donner des cours sur l'art et la manière de ne pas se laisser séduire par les Occidentaux. A moins que tous ces mignons petits n'aient peur d'attraper le SIDA.

Ça fait chaud au cœur de se sentir ainsi entouré et protégé par l'armée rouge dont il faut quand même signaler qu'elle porte des uniformes verts. J'ai eu beau expliquer à Cabu que ça faisait très joli, très écolo, il n'a pas voulu fraterniser.

Mais ce premier face à face s'est déroulé sans incident : car ils ne mordent pas et, après quelques expériences, nous avons acquis la certitude qu'ils ne sont pas contagieux. Nous avons même fini par être très tristes en pensant que nombre d'entre eux passent jusqu'à trois ans sous cet uniforme qui n'a pas l'air d'être meilleur pour l'acné qu'ailleurs...

LES TROIS COUPS

...LEVER DE RIDEAU

À l'aéroport de Moscou, on s'embrasse encore sur la bouche...
(mais il faut avoir des fleurs.)

...i l'interprète de l'INTOURIST - Voici le bus. ...ection l'hôtel. Remarquez le SCHTROUMPF...

Au bout de dix minutes, les petits Français brandissent les appuie-têtes comme des petites culottes!

Et toujours pas malades...

Voilà près d'une heure que nous progressons en ville vers l'hôtel Cosmos conçu par le génie français. Origine flatteuse qui dissimule, tant qu'on ne l'a pas vu et tant que la « Natacha » de service fait l'article à son sujet dans l'autocar, qu'il s'agit de l'un des deux hôtels les plus laids de la ville. France-URSS, un partout, puisque l'autre, le Rossia, a été dessiné et construit par les Soviétiques tout seuls. Preuve qu'ils n'ont besoin de personne pour abîmer leur ville.

Donc, au bout d'une heure de trajet, débarrassés des militaires qui gardaient l'aéroport, nous sommes en ville : il n'y a pas de petits hommes rouges ou verts dans les rues, personne ne nous a encore demandé notre carte du Parti, les passants ne

Toutes les casernes du monde se ressemblent

portent pas d'uniformes et sont habillés normalement, les camions puent comme des gazogènes, les voitures aussi ; les gens courent dans les passages protégés pour éviter ces voitures, les très vilains immeubles alternent avec les vieilles maisons, les trams font du bruit et ce brave Lénine est là au coin de certaines rues pour veiller sur le peuple.

Bref la situation est parfaitement normale et ce premier contact n'a pas déclenché de réactions allergiques particulières. Rien, aucun bouton.

Un petit détail, tout de même, réjouit particulièrement Cabu : en dehors du camarade Ivan Ilitch, pas une seule pub à l'horizon.

PREMIER TOUR DE VILLE

Les flics de Moscou sont-ils bigleux ? Les camions ont des numéros d'immatriculation énormes...

Les véhicules militaires sont dispensés des gros chiffres

Des mères Denis et leurs petites filles. Jolies, maquillées, mais elles ressemblent déjà à des américaines...

Ils sont aussi cons que nous : l'Etat leur prend tout et en plus ils jouent à la Loterie Nationale...

Tous les camions sont KaKi. Comme ça, en cas de mobilisation, le travail est déjà fait.

Et ces miradors ?... Allons, allons, pas de lecture sectaire de la réalité !

C'EST ÇA MOSCOU

OSCOU : 9 MILLIONS D'HABITANTS . URSS : 14 HABITANTS
Km^2 . En France : 100 HABITANTS AU Km^2.

MOSCOU : 40 M^2 de verdure par habitant
Paris : 2 M^2 seulement par habitant.

05 Kilomètres de périphérique

Ici, la milice n'est pas privée

nme partout, les trolleybus sont surchargés...

et comme partout, les militaires se pavanent !

PREMIER TOUR DE VILLE

14 habitants au Km² en URSS (en France: 100)

150.000 logements construits par an à Mosc

seuls les intellos sont vraiment malheureux ici...

appartements réservés à la nomenKlatura

QUAI DOROGOMILOVSKAÏA

POURVU QU'ON PUISSE REPARTIR !
n^2 de verdure par Moscovite (par parisien : $2m^2$)
si je vous ennuie vous le dites.
architecture expérimentale des années 20 et puis Staline est arrivé
peut critiquer la mauvaise gestion du sys-
e, mais pas le dogme, pas la "religion"...
intourist
Et le vieux débat sur le COSMOPOLITISME honni ? Terminé ! Place aux devises !
14 41-29
gosses ressemblent à de petits américains.
vont se faire bouffer par le ROCK ! ils sont cuits !
DOUM
DOUM
DOUM
Un seul modèle sur la planète ! que fait l'armée ?
l'armée elle-même est contaminée !

30.000 SELON LES ORGANISATEURS...

TRENTE KILOMÈTRES ENTRE L'AÉROPORT ET MOSCOU. C'est plat et verdoyant. Des policiers, des militaires aux arrêts de bus... La ligne de fuite est bien gardée...

Ce n'est qu'un hommage au chef de guerre pour le 40e anniversaire de la fin de la dernière guerre...

Des anciens combattants, carapacés de tonnes de médailles...

300.000 SELON LA PRÉFECTURE DE POLICE !

Des camions, des camions, on entre dans Moscou...

Tiens ! STALINE ! en effigie sur la gare de Biélorussie ! le retour du petit père des peuples, ça fait un choc !

venus honorer les victimes de Hitler, peut-être aussi les victimes de Staline.

Que reste-t-il aux héros fatigués ?... L'indulgence du service d'ordre.

Hôtel quatre étoiles rouges

Pour les jeux Olympiques de 1980, les spécialistes français et soviétiques ont donc uni leurs efforts pour construire un des hôtels les plus laids de Moscou, le Cosmos. Une horreur monumentale puisque, ici, on ne fait jamais rien à moitié. Il ne mériterait pas qu'on l'évoque s'il n'avait été la cause – destin fatal pour un hôtel –, pour raison de collaborations très étroites, d'une très belle série de mariages franco-soviétiques. Comme lors de tous les grands chantiers que Russes et Français mettent sur pied. L'économie rapproche les peuples, c'est bien connu.

Anxieux de faire aussi « bien » que les Occidentaux et plus particulièrement les Américains qui restent en tout les idoles et le modèle, les Soviétiques ont donc édifié quelques pâtés de béton qui... méritent le détour. A Leningrad, l'un des monstres les plus récents, le Pribaltikskaïa, bénéficie d'une très belle vue sur la mer : à tel point que lorsque l'on arrive pour la première fois dans le quartier, il faut des heures pour s'apercevoir que la mer est, justement, derrière la chose.

Heureusement, à Leningrad, il y a aussi l'hôtel Evropski, un petit bijou du siècle dernier, avec des chambres où l'on peut facilement jouer au football. Comme toujours dans les vieilles bâtisses, le personnel y est plus accueillant, plus sympathique, plus...

sur la Moskova

compréhensif qu'ailleurs. Comme si l'architecture avait une influence sur les hommes. Même phénomène à Moscou au National ou encore au Métro-

MOSCOU – la place des 3 gares

pole, un hôtel dont les Soviétiques viennent de confier la rénovation intérieure aux Finlandais. Toutes les inquiétudes sont permises...

La construction de la première des grandes cages modernes à touristes (étrangers ou soviétiques) a même donné lieu à l'une des premières batailles écologiques de Moscou : en édifiant le Rossia à portée d'une sonnerie de cloche du Kremlin et de l'extraordinaire église de Saint-Basile-le-Bienheureux, les technocrates soviétiques des années 60 ont déclenché une véritable tempête dans la capitale où Khrouchtchev voulait « faire moderne » à tout prix. On protesta et pétitionna avec d'autant plus de vigueur que la construction du parallélépipède en question impliquait la destruction de plusieurs petites églises toutes aussi belles les unes que les autres, symbole de ce vieux quartier qui s'écroulait.

Ayant commencé à traiter les opposants par le mépris, les urbanistes et les architectes moscovites se sont vite rendu compte que la décadence commençait à saisir le pays. Car, devant l'émoi, les pouvoirs municipal et national hésitaient. On hésita donc, puis la construction se poursuivit avec l'adoption d'une solution à la soviétique : les églises ont été conservées et servent de décoration, ou de repoussoir, à l'hôtel, l'une d'elles étant même littéralement enlacée par une petite route d'accès ; une autre est devenue un petit musée de la nature et de l'environnement.

serveuse de restaurant (service terminé)

Stakhanov est mort et enterré

Le mineur Stakhanov, héros des temps staliniens, est mort à la fin des années 70 : son exploit accompli – en 1935 –, il avait rapidement trouvé un emploi de tout repos au ministère du Travail. Dans un bureau où il a eu le temps nécessaire – toute une vie – pour se remettre de ses fatigues et se laisser oublier. Le brave homme était resté à la mode idéologique officielle mais, depuis la mort du Petit Père des Peuples, il détonnait un peu dans le paysage soviétique. L'augmentation de la production et du rendement « à l'initiative » du travailleur, cela ne fait plus partie – au niveau du vécu, comme on dit chez les capitalistes – du credo quotidien, dans un pays qui invente et consolide depuis longtemps, avec un perfectionnisme qui relève du stakhanovisme, une société des loisirs qui n'a guère d'équivalent au monde.

C'est sans doute pour le plaisir de causer ou pour faire rêver les « anciens » que le camarade Gorbatchev, à la surprise générale, a évoqué, en 1985, l'exemple de Stakhanov. Car le Soviétique moyen tient le stakhanovisme pour une atteinte au droit du peuple à disposer de lui-même. Il reste bien sûr suffisamment de travailleurs modèles pour faire la une des journaux et des tableaux d'affichage dans les entreprises, mais l'immense majorité de la population travaille durement à s'organiser une existence tranquille : pas question de perdre sa vie à la gagner... Gorbatchev en fait la dure expérience.

D'ailleurs, quand des Occidentaux installent une usine « clés en main » en URSS, les ingénieurs soviétiques commencent par s'étrangler de rire devant les rythmes de production proposés. Le premier cas célèbre fut celui des usines Fiat de Togliatigrad. Les ingénieurs italiens y furent priés de réviser à la baisse leurs cadences infernales destinées à produire la célèbre « Giguli » avec laquelle les Moscovites et les Géorgiens ont connu leurs premiers embouteillages.

Le rejet larvé du stakhanovisme a conduit les Soviétiques à perfectionner, dans les boutiques et les administrations, l'art de la pause. Pause qui peut varier de quelques minutes à quelques mois sans que le passant, le client ou l'administré puissent en discerner clairement les causes et la durée. Secret d'État, quasiment. Tandis que l'un s'interroge et se perd en conjectures sur les raisons profondes d'une absence ou d'une fermeture en méditant devant un écriteau, l'autre, celui qui devrait être là, médite devant la pancarte que l'un a justement disposée sur son lieu de travail pour rendre visite à l'autre. Ainsi, des millions de Soviétiques se croisent en se cherchant et se maudissant mutuellement. Quand l'un et l'autre, haussant finalement les épaules, rentrent chez eux en maugréant, ils reculent symétriquement les limites de la société des loisirs. Et ils ne trouvent pas ça drôle...

La panoplie des écriteaux disponibles, hâtivement rédigés, soigneusement calligraphiés ou imprimés à l'avance, est suffisamment vaste pour moduler le rythme de travail sur des normes acceptables. Il ne semble d'ailleurs pas qu'il y ait pénurie d'écriteaux.

Première version de l'absence, le « PIRIRIF » est un arrêt momentané de l'activité. Une « pause » à géo-

métrie variable qui peut être programmée, régulière et pour tout dire réglementaire et syndicale. Mais elle surgit aussi inopinément au cours de la journée. Un *tea-break* à la soviétique. Avec le thé, mais sans la vodka depuis que les autorités du pays ont lancé la mode du régime sec, très sec. Le PIRIRIF est parfois plus sournois : en touchant une partie seulement d'un bureau, d'un étage ou d'une boutique. Il peut même ne concerner que quelques tables d'un restaurant dont le serveur se met en PIRIRIF sans laisser de pancarte. Le PIRIRIF partiel qui ne touche que « certaines catégories de personnel » est redoutable parce que indiscernable et imprévisible. Certains chauffeurs pratiquent volontiers le PIRIRIF imprévu, mais un PIRIRIF méprisant, voire agressif. A Moscou aussi, le taxi « rentre à Levallois » au moment où on le hèle...

On passe ensuite au simple « ZAKRITO », c'est-à-dire fermé. Fermé sans explication : « ÉTO ZA-

LES "TUCS" DE LENINGRAD – inspectrices de rails de tramway

KRITO », c'est fermé, un point c'est tout, l'affirmation est imparable, incontournable et ne peut être reliée à la moindre règle connue. ZAKRITO ne s'explique pas : les silhouettes que l'on discerne, les gens qui vont et viennent à l'abri de la pancarte n'ont pas d'autres remarques à faire. Puisque l'on vous dit que c'est fermé...

Plus élaboré et pouvant se prolonger des années, « NA REMONT » : en travaux, en réparation. La pancarte de la tranquillité, de l'échec, de la réflexion et parfois aussi de la réparation. NA REMONT, c'est le temps qui n'a plus de durée, c'est *inch'Allah.* NA REMONT, mot magique qui met à l'abri du client, du consommateur, du contrôleur du Plan ou de l'administré. NA REMONT, ce fut aussi la pancarte qui protégea plus de dix ans le cimetière moscovite de Novodiévichi après l'enterrement de Nikita Khrouchtchev ; c'est celle qui veille sur une chapelle du centre de Leningrad où des croyants viennent adorer, derrière une palissade de travaux, une sainte qui aurait fait des miracles. Évidemment, cette pancarte est indissociable de la palissade qui s'érige, s'élève, s'installe, s'incruste et perdure comme symbole des travaux. NA REMONT, c'est parfois un cordon sanitaire, un moyen de résoudre une difficulté. Parfois aussi, cela permet d'échapper au Plan en reportant une échéance de production.

NA REMONT, cela peut durer des siècles ou l'éternité. Même s'il y a effectivement des travaux... La palissade ou le coup de badigeon blanc mettent tous les salariés à l'écart des questions tout en les laissant à l'abri des problèmes : pendant ce temps, ils sont payés. La durée des travaux n'est donc un problème pour personne sauf pour les clients et administrés qui ont, parfois, la ressource de se mettre « NA REMONT » à leur tour. En attendant d'être à nouveau approvisionnés, en paperasse ou en produits industriels.

Mais ce n'est pas tout puisqu'un chaland peut se

heurter à un « SANITARNY DIEN », autrement dit une journée sanitaire. Laquelle ne dure pas plus de quatre jours mais surgit de façon totalement imprévisible, le jour où l'on a besoin des services de la boutique, de l'atelier ou de l'administration. Cette chasse au microbe est aussi réglementaire qu'indispensable... à une saine modulation du temps de travail mensuel. Les, pardon, le syndicat veille toujours avec un soin jaloux au respect scrupuleux des prescriptions légales. Là où les journées sanitaires se situent souvent au début du mois, juste avant une autre pause programmée...

Car, vers la fin du mois, s'inscrit l'« INVIERNTARNY DIEN », le jour sacré de l'inventaire. Une activité quasiment stakhanoviste car crayons et mauvais papier continuent à régner, instruments principaux de la gestion des stocks dans la plupart des entreprises et administrations. L'affaire est d'autant plus difficile à réussir qu'il faut bien rectifier tous les errements de la gestion, intégrer les « emprunts », atténuer les effets de la « démarque inconnue » comme on dit à l'Ouest : bref, faire coïncider les chiffres avec les prévisions. Un exercice toujours difficile malgré des années de pratique et d'expérience ; et périlleux depuis que tonton Gorby fait les gros yeux à tout le monde.

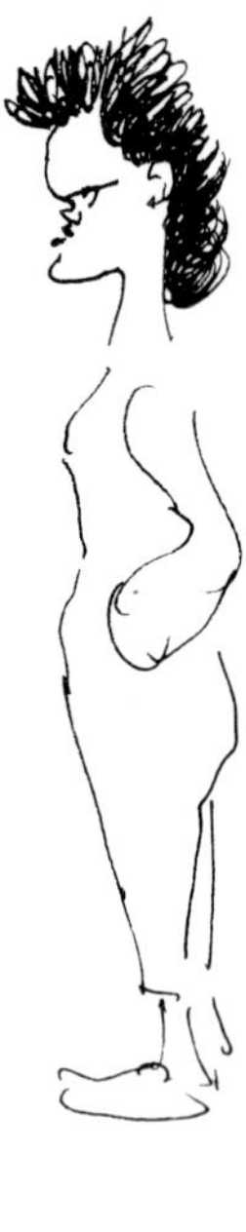

Les journées d'inventaire surviennent après la seule période vraiment éprouvante de la vie laborieuse du salarié soviétique : la fin du mois. Quelques jours au cours desquels il faut à tout prix courir après le Plan, voire le rattraper. Tous les moyens sont bons, même le travail du week-end. Y compris dans les magasins. Les Soviétiques le savent bien qui planifient leur shopping à cette période du mois, aux jours et heures de fermeture habituels, en espérant y trouver l'objet inattendu. Car, pour faire le chiffre, dans les boutiques ayant abusé des PIRIRIFS et autres pauses, on met tout le stock sur la table, à commencer par les objets les plus chers ou les plus rares. On liquide, mais on solde rarement, et c'est le moment des découvertes : fin novembre 85, à la porte du musée de l'Ermitage de Leningrad, on pouvait acheter des romans et des dictionnaires français pratiquement introuvables en URSS ; vendus chers, ces incunables offraient un avantage évident : faire grimper le chiffre d'affaires du mois et même de l'année jusqu'au niveau des espoirs du Plan. Il y a quelques mois des magasins qui se sont mis à « solder » ont failli être accusés de sabotage économique.

Enfin, comme il faut laisser la place à l'improvisation, prévoir les besoins ou les envies de pause qui surgissent au hasard de la vie quotidienne, ou comme d'aucuns doivent prendre le temps d'aller faire leurs courses... il existe une autre variante de pause : « NA BASUM ». Ce qui se traduit, très librement, et très évasivement, par « parti chercher des provisions ».

Cette absence pour « approvisionnement » peut toucher beaucoup d'activités et durer de quelques minutes à quelques heures.

On peut ricaner. Ou râler quand on bute sur cet écriteau ou sur un autre. Mais on peut aussi admirer : les Soviétiques prennent le temps de vivre. Le Soviétique « stressé » par son boulot... voilà une espèce rarissime. En fait, on ne le découvre guère que dans les cercles proches, très proches, des milieux occidentaux. Mais, malgré tout, une observation très attentive du phénomène tend à prouver que le « stress » occidental n'est pratiquement pas contagieux. La société soviétique a sécrété des anticorps particulièrement efficaces...

Métro, boulot, coco, c'est un fantasme d'Occidental.

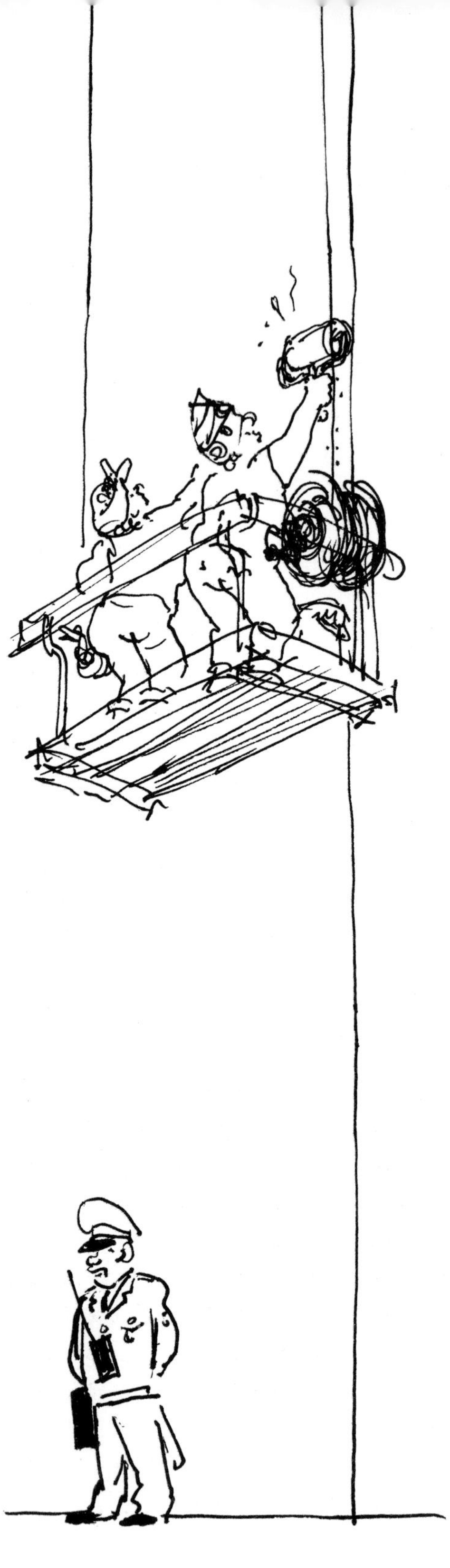

Femmes fatales

Il y a deux sortes de femmes fatales en URSS : les grandes blondes qui cherchent un mari français et les énormes babouchkas qui surveillent le pays et sa morale bien plus efficacement que les jeunes cadres du KGB. Les premières sont toujours en éveil et aux aguets pour ne pas laisser passer la bonne affaire et les secondes ont presque toujours l'air de dormir alors qu'elles sont perpétuellement aux aguets : dans les musées, au pied des escaliers des administrations, dans les hôtels, dans les restaurants, dans les gares, parfois encore dans les rez-de-chaussée des immeubles et toujours sur les bancs qui les entourent, elles montent une garde vigilante dont tout le monde a oublié l'utilité. Dans l'une des administrations de Moscou que nous avons visitée, il en existe une, assise à une petite table, dont la seule fonction est de montrer au visiteur le téléphone avec lequel il peut appeler la personne à laquelle il rend visite. Pour utiliser cet appareil sans son hochement de tête, il faudrait lui passer sur le corps et essuyer un flot d'injures.

Mais le plus beau vivier de babas, ce sont évidemment les églises orthodoxes où la fumée d'encens semble les conserver au-delà de toutes les limites raisonnables. Tandis que le pope débite ses oraisons, elles récupèrent les bougies éteintes et veillent à la moralité des lieux ; en faisant retirer les mains des

conductrice de tramway à Moscou

poches et en mettant à la porte les femmes qui montrent un centimètre carré de peau ou leurs cheveux. Et il ne fait pas bon s'opposer à ces babas baraquées.

Ce sont les babas de la Russie profonde qui surveillent par courrier la moralité de la télé et envoient quelques roubles de solidarité à la rédaction quand un reportage sur les États-Unis montre un chômeur américain malheureux.

Les babas, surtout dans les boutiques ou les petits restaurants, conservent intacte la verdeur du vocabulaire grossier de la langue russe et passent une partie de leur existence à engueuler tous ceux qui passent à leur portée : un spectacle fascinant et toujours renouvelé, dans le fond comme dans la forme. Parfois, dans les boutiques, les babas en viennent aux mains entre elles avec un enthousiasme et un savoir-faire qui auraient réjoui Georges Brassens.

Les babas sont bien évidemment particulièrement choquées de la façon dont les belles blondes s'habillent et se maquillent. Ces imposantes vestales de la société soviétique n'ont guère renouvelé leur façon de se protéger contre les horreurs du temps depuis un siècle : elles se signent à la moindre vision d'enfer.

Cela dit, que personne ne s'y trompe, les grandes blondes sont parfois encore plus redoutables... D'autant plus que seules les babas fatales sont en voie de disparition.

FEMMES ET MÉMÉS
Cette fois il ressemble à LANDRU!
FEMMES
jumelles

FEMMES ET GROS TAS

Un chapeau bien gardé

PETITS MÉTIERS – dormeuses au musée de l'Ermitage

Un jour de l'été 1986, à l'hôtel Ukraine de Moscou, Cabu a été touché par la grâce et a percé un des mystères de cette économie soviétique que je lui expliquais en pure perte. La révélation est sortie, comme par magie, d'un chapeau : un vrai, un chapeau mou comme on n'en fait plus que dans les films des années 30 et pour les manifs officielles soviétiques. Grâce à ce couvre-chef(s), il a compris pourquoi il y a si peu de chômeurs en URSS.

Ce chapeau, à la fois orgueilleux et insolent dans sa solitude, trônait sur une étagère, à droite de l'entrée de l'hôtel. Symbole de la fonction vestiaire, comme abandonné là pour servir d'aide-mémoire, il paraissait surveiller une grosse serviette noire affaissée sur l'étagère inférieure, assoupie. Tout près, l'œil aux aguets, cinq ou six gaillards à la fois affables et solennels comme l'exige leur fonction : gardiens du vestiaire de l'hôtel Ukraine. Patiemment, ils attendaient l'hiver, ses chapkas et ses manteaux...

En URSS la flexibilité n'a pas encore été votée. L'été, tous les travailleurs de l'hiver attendent sans impatience le retour des mauvais jours et du travail.

S'ils vivaient à Moscou, les hommes qui, à Paris, sont chargés de signaler les premiers flocons aux services de la voirie, seraient de repos aux beaux jours. Au nom de la spécialisation et du maintien de l'emploi. Le principe a des centaines de milliers d'illustrations, mais ni les hommes du vestiaire des hôtels ni les autres ne trouvent cela scandaleux...

Il y a consensus et les seuls contestataires du système, ronchonnent quelques vieux Soviétiques, sont des technocrates gâtés par les manies occidentales.

Sur ce point, Gorbatchev risque de porter longtemps le chapeau.

COMMENT JUGULER LE CHÔMAGE

5 gardiens de vestiaire pour garder un chapeau et un sac!
(HOTEL UKRAINIA)

Le Plan est sacré... sacré plan !

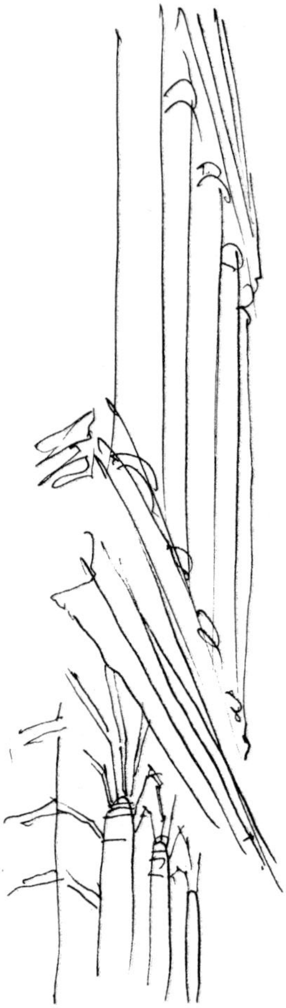

Tous les mécanismes de la société soviétique sont guidés par la réalisation du Plan. Selon un principe tout à fait simple : le système socialiste étant, par définition, proche de la perfection, ses résultats ne peuvent que s'améliorer chaque année. Ce dogme ressemble à celui de la croissance qui, dans nos pays d'économie libérale, ne peut qu'augmenter, paraît-il, cha-

que année si l'on veut que la condition des gens s'améliore. Comme si les deux choses étaient éternellement liées, comme si le destin des courbes était, pour toujours, de continuer à grimper vers l'infini.

Les technocrates soviétiques étant aussi saugrenus que les autres, c'est-à-dire les nôtres, ils ont appliqué les mécanismes d'amélioration du Plan à tous les domaines...

La police n'échappe pas à cette règle. Le Plan, partant du principe socialiste que sous l'effet de l'éducation des masses la population s'améliore constamment, envisage donc une diminution régulière des délits et crimes. La nature humaine étant ce qu'elle est, elle s'adapte difficilement au Plan et, en gros, la délinquance criminelle reste, comme à l'Ouest, au même niveau. Tragédie dans les commissariats théoriquement incapables de présenter à leurs supérieurs les courbes décroissantes prévues. Il ne reste qu'une solution : déclarer de moins en moins de crimes et délits pour faire coïncider le mythe et la réalité. Et tout le monde est content ; sauf les Soviétiques qui souhaitent une lutte plus active contre les crimes et surtout contre les cambriolages, exprimant de plus en plus ouvertement un sentiment d'insécurité. A tel point que, depuis 1982, on installe dans les appartements des systèmes d'alarme reliés aux commissariats.

Soif d'aujourd'hui...

En 1985, les autorités soviétiques ont comblé une lacune qui pesait douloureusement sur le moral de la population, tout en effaçant une injustice. En effet, depuis le début des années 80, seule la firme Pepsi-Cola était présente sur ce grand marché des sodas, avec le bon vieux Fanta de notre jeunesse que nous n'osons plus boire. L'innovation a donc été l'arrivée tonitruante de Coca-Cola. Pour quelques kopecks, les jeunes Soviétiques peuvent étancher une partie de leur soif d'aujourd'hui...

« Ils sont foutus... », s'est lamenté Cabu en découvrant le Coca et le Pepsi sur la table de l'un de ses premiers dîners à Moscou. Cabu est totalement insensible à cette révolution des mœurs et à ce recours aux remèdes occidentaux pour lutter contre l'alcoolisme. Habitué à imaginer le Soviétique le couteau entre les dents, il ne s'habitue pas à le regarder avec une bouteille de coke entre les lèvres. Et il prétend que, après le Coca, le caviar laisse un drôle de goût.

Comme il n'y en a pas encore pour tout le monde, de ce Coca « made in USSR », le breuvage reste très à la mode et détrône le Pepsi chez les jeunes. Le rêve des responsables de Coca qui, comme partout ailleurs, touchent un pourcentage sur chaque bouteille, c'est d'obtenir le droit de faire de la publicité.

L'affaire du Coca gêne beaucoup les purs et durs

du Parti communiste qui se révèlent incapables d'expliquer pourquoi l'Union soviétique a consacré ses précieuses devises à l'importation de la licence Coca comme un vulgaire pays du tiers monde soumis à toutes les pressions occidentales.

A la mode de chez nous

Contrairement à ce que croient les touristes qui confondent les Soviétiques avec les tribus africaines du dix-huitième siècle, il y a bien longtemps qu'ils ne s'intéressent plus aux crayons à bille et aux feutres. Inutile de tacher les valises avec. Quant aux collants, ils doivent être à la toute dernière mode pour intéresser une jeune Moscovite à la page. Dans les villes on délaisse volontiers les revues féminines soviétiques qui en sont encore à la promotion des saines et robustes travailleuses pour lire *Burda, Moden**, *Vogue, Elle* et de façon générale tous les magazines qui font rêver et offrent en même temps des patrons de vêtements à faire chez soi.

Conséquence heureuse : l'été, quand tombent les manteaux et les toques de fourrure, il est désormais possible de se rincer l'œil dans les rues de Moscou. Une révolution commencée il y a une dizaine d'années, au moment où le premier salon de beauté s'installait dans l'avenue Kalinine, le monument de verre et de béton percé sous Khrouchtchev.

Donc, les Soviétiques se mettent à être jolies et élégantes et cela se voit dans la rue. Effort d'autant plus remarquable pour les observateurs (sociologiques) que nous étions que les mâles, eux, sont restés

* Désormais édité en russe à Moscou.

en général d'une tristesse pas croyable. Ils font terne et pâle à côté des jeans, des jupes légères et des T-shirts bariolés qui envahissent la rue accrochés à des poitrines qui ne se dissimulent plus sous des étoffes informes et grisâtres. Des jeunes filles et des femmes moins jeunes qui rêvent de nos tisanes et de nos potions magiques pour maigrir, pour trouver une nouvelle ligne qui effare les babouchkas en fichus. Le médicament pour maigrir, voilà le cadeau « in » pour les belles Moscovites.

Les adolescentes qui surfent dans les discothèques de Moscou, Leningrad ou même Irkoutsk, ne feraient pas ringardes dans nos boums de l'été. Face à elles, les minets soviétiques à la mode sont encore bien rares. Sauf quand, délaissant les Komsomols, ils se lancent dans le rock. Les T-shirts occidentaux font fureur et se portent sans gêne dans les rues, même quand celles qui les baladent ne comprennent manifestement pas les slogans qu'elles arborent. Et depuis deux ou trois ans, les premiers T-shirts en cyrilliques font leur apparition, à commencer par ceux qui sont imprimés par des groupes rock à leur propre gloire.

Sur la place Maïakovski, l'été, les punks se donnent volontiers rendez-vous et ne dissimulent plus quelques mèches teintes qui effarent encore une partie des passants. Cette place et les bistrots (sans alcool) du quartier sont les refuges des jeunes de Moscou et d'ailleurs qui passent leurs vacances à zoner sans se soucier des travaux d'intérêt collectif, des tâches agricoles ou des vacances studieuses et sérieuses organisées par les Komsomols, les Jeunesses communistes soviétiques. L'ambiance, comme dans certaines rues de Leningrad du côté du club rock, c'est T-shirts et cuirs. Avec quelques vestes militaires décorées qui ne dépareraient pas dans le quartier des Halles à Paris. Mais pour l'instant ils n'ont pas, eux, de problèmes avec la police qui patrouille ; mais avec des loubards aux cheveux courts et aux bras musclés dont les idées réactionnaires et courtes comblent d'aise une partie de la population.

Ces jeunes, des très jeunes, ne ressemblent pas du tout à leurs aînés. Sauf votre respect, camarades du Parti, nous avons eu l'impression qu'ils... s'américanisaient de plus en plus. On ne voudrait pas avoir l'air de critiquer mais ce n'était pas la peine de leur donner une si belle éducation socialiste et d'avoir recours à Lénine pour en arriver là. On ne voudrait pas avoir l'air « pessimiste » mais à ceux-là, ça va être dur de faire croire que le Parti sert à autre chose qu'à faire carrière et qu'il y a des lendemains qui ne chantent pas faux dans la *Pravda.* Des gamins impossibles qui vous expliquent qu'il vaut mieux être chauffeur de taxi que toubib et ingénieur parce qu'au bout du mois, il y a plus de roubles...

De toute évidence une partie des teenagers de la ville se sont carrément hissés sur les œuvres de Marx pour attraper les bouteilles de Coca et tout ce qui va avec. Pas étonnant que Gorbatchev soit en train de mettre les plus de quatre-vingts à la retraite, ils en faisaient une jaunisse qui ne ressemblait pas à la maladie infantile du communisme.

Voilà le gros problème des élites soviétiques ; celles que l'on pousse actuellement sur les voies de garage mais aussi les cadres moyens du Parti qui sont accrochés à leurs dogmes comme des moules à leur rocher : d'où ils sortent ces mômes ? Où est l'erreur ? Qu'est-ce qu'on a fait au bon Dieu, pardon, à Lénine, pour engendrer une telle génération ? On ne savait pas que le capitalisme ça pouvait s'attraper tout petit, comme le SIDA, et qu'il n'y avait pas d'antidote ! Pendant ce temps-là, de l'autre côté du Rideau, il y a ceux qui pleurent que le socialisme est

Soirée branchée chez un photographe de mode et quelques mannequins

contagieux en regardant leurs mômes faire la même chose assis sur les œuvres de Molière ou de Racine. Ne confondraient-ils pas tous avec la liberté ?

C'était notre minute sérieuse, celle qui nous pousse à nous demander, nous qui ne sommes ni rocky ni punky, si les « Chemins de la liberté » passent par le coke et le hamburger (avec ou sans onions ?).

La mode, une autre mode sérieuse pour grandes filles qui vont dans le monde, nous l'avons aussi trouvée dans des studios où opèrent les premiers photographes spécialisés. Les mannequins sophistiqués qui se pressent chez notre copain Sergueï débarquaient aussi de la planète internationale qui s'étale sur les pages glacées des magazines. Nouveauté, ces beautés blondes ou brunes magnifiquement déshabillées par des couturiers soviétiques, n'hésitent pas à sortir dans la rue ou dans les cafés « comme ça ». Qui va s'étonner, quand Pierre Cardin ouvre boutique à Moscou et que l'on prépare des maisons de confection qui ne seraient pas gérées par l'État ou par une municipalité ? Vous avez dit privé ? N'exagérons rien, il s'agirait, traduction approximative, d'une concession du service public... Cela se pratique déjà dans les pays Baltes, avec plus ou moins de discrétion.

Pour bien vivre à Moscou, il suffit de savoir bien coudre et surtout tailler avec talent. Ensuite, avec un petit réseau d'amies on se constitue une jolie petite clientèle qui se recrute dans tous les milieux tant le rêve occidental de la mode est devenu irrésistible.

Car, pour prendre un exemple tout simple, si le jean de l'Ouest vaut encore jusqu'à mille francs sur le marché de Moscou, ce n'est pas parce qu'il est meilleur que le jean produit sur la place depuis quelques années. Ce qui en fait le prix, c'est ce qui est écrit dessus ou plus exactement derrière. La marque de fabrique arborée fait partie de la mode et l'on a connu des malins qui collaient les fameuses étiquettes sur de la production soviétique pour écouler des pantalons bon marché au prix fort.

Le noir et le rouge l'emportent dans les faveurs de ces dames qui ne sont toutefois pas encore passionnées par le retour des bas et des jarretelles. Il n'existe aucune pression masculine dans ce domaine, les mâles soviétiques étant encore bien loin de ces contingences éroto-frivoles, en perdition devant leurs compagnes auxquelles ils ne tiennent encore la dragée haute que dans la représentation politique.

Mode enfin, les laits et produits de beauté français qu'il est maintenant possible de trouver à Moscou et dans plusieurs grandes villes. Des produits à acheter en roubles et pas seulement en devises. Comme si la demande avait été assez forte pour que l'URSS s'offre cette frivolité coûteuse dans un domaine où elle fabrique de plus en plus de produits qui ont pour défaut de ne pas être mitonnés à l'Ouest.

Reclama...

Presque tous les soirs à 21 ou à 22 heures, les Moscovites s'initient aux joies de la pub, en russe – qui l'eût deviné ? – « *reclama* ». Ça dure de six à sept minutes, et ça ressemble à une séquence de « La dernière séance » sur FR3. Un vrai bonheur rétro : des femmes qui choisissent en gloussant les chemises de leurs maris, une autre qui caresse une marguerite pour suggérer à quel point un salon de beauté a fait d'elle une vraie femme, des montres qui ne tombent jamais en panne, une souscription d'obligations à quinze roubles avec possibilité de gagner une voiture Volga par tirage au sort, des calculatrices qui ridiculisent un mathématicien, un équipement stéréo et des petits pots de fruits pour bébés, etc., bref, l'aube rosâtre de la société de consommation.

Nous avons même vu, un jour, une pub visant à pousser la vente des ours en peluche. Les langues de vipère (lubrique) prétendent qu'il s'agit d'un stock de l'ours fétiche des jeux Olympiques que personne n'a jamais réussi à écouler.

Mêmes causes, mêmes effets : les mômes restent bouche bée devant ces publicités. Mais de mauvais citoyens ricanent en prétendant que ces pubs ne sont qu'une banale conséquence du Plan et qu'elles n'ont donc pas grand rapport avec les produits effectivement disponibles.

Il n'y a pratiquement aucune pub dans les rues et pas une seule dans le métro. Cabu dit que c'est une des raisons pour lesquelles il adore le métro de Moscou ou celui de Leningrad. Et, partout, il cherche désespérément des graffitis...

Lesquels commencent à apparaître dans les banlieues. Là où le spleen de l'Est ressemble le plus au spleen occidental.

Tiens! Marx et Engels!
d'habitude y en a que pour Lenine!

Jogging

L'Union soviétique n'échappe plus aux modes, même – ou surtout – quand elles arrivent par l'Ouest. Conséquence parmi d'autres : les joggers en survêtement qui sillonnent les rues des villes et des banlieues courent de plus en plus le risque de glisser sur des merdes de chien.

Encore parfois invisible dans certains quartiers, le chien de compagnie envahit sournoisement les banlieues et les centres ville, sans que l'on sache s'il s'agit d'une immigration clandestine ou d'une (ré)génération spontanée. Les ricaneurs expliquent que la gent canine est la seule capable de manger sans broncher les viandes de mauvaise qualité offertes dans les magasins.

Le jogger étant arrivé avant le chien, le premier vitupère le second et considère qu'il pollue son pourtant vaste territoire. Conflit d'usage insoluble puisque ni les joggers ni les chiens n'ont été programmés par le Plan, situation qui leur dénie en fait toute réalité objective. Évidemment, soyons sérieux un instant, le jogging n'est rien et n'apporte aucune satisfaction réelle ni aucun soulagement pondéral si le survêtement n'est pas orné d'une inscription occidentale, de préférence publicitaire. Notons à la décharge de la femme soviétique que, même aux petits matins les plus blêmes et dans les avenues les plus reculées, elle

Ā Moscou, pas de nanas ... pas de chiens ...
intourist
intourist

..pas de vélos...
intourist
..ah! si!...
au cirque de Moscou!..

ne sacrifie pratiquement jamais à la mode de la courette en ville. Ce qui consacre définitivement sa supériorité sur l'*homo sovieticus.*

Côté chien, en revanche, les dames donnent plus souvent que les messieurs, ce qui tendrait à prouver, autre domaine d'investigation que nous négligerons, que l'homme soviétique n'est pas le compagnon idéal. Les races les plus rares sont désormais parvenues (le mot est bien choisi) à Moscou, mais le petit chien à sa mémère de format réduit tient encore le haut du pavé, aussi bien du côté de l'hôtel Ukraine que dans les banlieues les plus désolées.

Le chien a de l'avenir et nous connaissons deux Soviétiques spécialistes de l'évolution des sociétés industrialisées qui ont engagé un pari fabuleux sur la date d'apparition des premières nourritures en boîtes pour animaux dans leur pays. En attendant, imaginez donc la tête d'une Soviétique qui débarque à Paris pour quelques jours et découvre un rayonnage de Canigou, Ronron et autres friandises...

Les chiens aboient et les joggers passent.

A la télé, deux Soviétiques, qui ressemblent comme deux gouttes de vodka à nos gymtoniqueuses nationales déjà englouties par les poubelles de l'histoire, organisent depuis deux ou trois ans les gesticulations musicales et dominicales des Moscovites. Tandis que les livres de Jane Fonda et de Raquel Welch s'arrachent à prix d'or et que le yoga se transforme en or pour celles ou ceux qui ont réussi à se procurer suffisamment de bouquins occidentaux pour donner des cours.

On pourrait aussi exporter Rika Zaraï à un prix d'or dans ce pays, ce qui aurait pour avantage d'y stimuler sérieusement la production de cuvettes.

Rock around the Cabu

Cabu rêvait de *Gisèle* ou du *Lac des cygnes* que l'on donne cette année pour la 23 457e fois au Bolchoï dans un décor entièrement d'époque. Il fantasmait sur les balalaïkas et les mélopées tziganes qui passent pour être « typiquement russes » à Paris... et je l'ai traîné chez les rockers moscovites, leningradois et esthoniens.

Patiemment, je lui ai expliqué qu'il s'agissait d'un phénomène de société et qu'en URSS le rock ne pouvait que le passionner. Échec : à Moscou comme à Leningrad, il a craqué devant les décibels, sur le thème « s'ils sont aussi cons que nous, ce n'était pas la peine de faire une révolution ».

Pourtant il a pratiquement vu le meilleur : Stas Namin, le petit-fils de Mikoyan, le groupe Autograph qui fait une fixation sur les Beatles et quelques autres qui se défoncent comme des bêtes. Des garçons dans le vent dont la musique plonge dans la consternation les vieux crocodiles du Parti. Cabu était en bonne compagnie car, pour être consterné, il l'était vraiment.

J'ai tout essayé pour le faire changer d'avis : la libération et la contestation par la musique, l'organisation d'un monde à part pour les jeunes, une façon de créer une marginalité sans risque, un moyen de rejeter à plusieurs millions la société de leurs pères,

Concert de Rock à Moscou – LES VESTIAIRES

Avec tous ces soldats en uniforme, croyez-vous encore que le ROCK soit subversif ?

On voit même ici un chanteur géorgien (genre Guétary) récupérer le rock moscovite…

une manière unique de faire un pied de nez à l'art officiel. Échec encore, le décibel ne passait pas. Quand j'ai ajouté, étourdiment, que le rock avait donné naissance à un show-business avec imprésarios, photographes, groupies et journalistes spécialisés, j'ai enfoncé un peu plus mon plaidoyer pour le rock « made in USSR ». « C'est pas vrai, eux aussi... » Il a failli craquer !

Ensemble, nous avons fait le pied de grue dans le centre de Moscou avec les fans d'Alla Pugatcheva, la grande vedette soviétique de la chanson qui fait aussi bien dans le rock le plus échevelé que dans la bluette la plus douceâtre. Une vraie star comme on n'en fait presque plus chez nous. Minets et minettes campent à la porte de son immeuble, hiver (– 30°...) comme été. Pour un autographe, pour un sourire et parfois pour rien ; car lorsqu'elle est de méchante humeur, du haut de ses 120 millions de disques, la Pugatcheva ne leur accorde même pas un regard. Pas découragés, ils sautent dans un taxi ou une voiture et la poursuivent à travers la ville en la mitraillant avec des appareils photos.

Un phénomène nouveau qui laisse Cabu de glace : il s'attendait à tout, sauf à cela : l'impression étrange de ne pas avoir changé de pays ni de régime. Toute une partie de la jeunesse vit au rythme des chanteuses hard et du rock, et on les voit même de temps en temps à la télé le dimanche matin, juste avant les militaires sentencieux qui n'en finissent pas de raconter leur guerre.

Mais attention : si, comme le dit Cabu, ces groupes ne cassent pas grand-chose, les spectateurs, eux, ne cassent jamais rien. Ils sont, presque tout le temps, sages comme des images, applaudissant gentiment à la fin de chaque morceau. L'enthousiasme visible et démonstratif est une denrée rare. Il est réservé aux soirées privées pendant lesquelles la ration de décibels est encore plus copieuse et le texte des chansons (un peu) plus subversif. Enfin... subversif à la mode du pays.

Les vieux pépés du Parti regardent avec effarement toute leur belle jeunesse qui s'envoie en l'air avec des guitares électriques et des baffles « made in Japan ». Ces vieux fossiles ont atteint le bout de leur calvaire quand ces jeunes gens échappés du système comme des diables blancs ont été mobilisés à la fin du mois de mai 1986 pour un gala destiné à venir en aide aux victimes de la catastrophe de Tchernobyl ! Concert qui a d'ailleurs été l'occasion d'une amnésie et d'un manque d'information – Est-Ouest – tout à fait classiques dès qu'il s'agit d'une URSS qui n'est pas celle du Kremlin.

D'une part les autorités soviétiques se sont bien gardées d'expliquer que le concert, à l'origine, n'avait pas été organisé pour Tchernobyl ; et les journalistes occidentaux n'ont pas été capables de savoir ou de dire que ce concert était prévu à Moscou depuis trois mois ; et qu'il représentait une belle victoire des

« modernistes » sur les vieux crocodiles soviétiques. La réalisation d'une pro messe faite aux jeunes roc-kers par Alla Pugatcheva en 1985 à Leningrad, la patrie du rock soviétique où sévissent cent soixante-dix groupes. Sur une radio française, un journaliste a pourtant expliqué, tout à fait sérieusement, que ce concert était le premier concert rock donné en URSS... Le premier grand *happening* des rockers re-monte pourtant à 1980 : c'était en été et à Tbilissi, en Géorgie. Ils étaient 80 000 et il y en a eu d'autres ensuite.

Évidemment, on peut dire que le pouvoir a récupéré le rock. On peut dire aussi que, tant pis pour les oreilles de Cabu, le rock est devenu incontournable : quelques milliers de groupes officieux, une centaine de groupes officiels qui gagnent leur vie avec cette musique décadente – des cassettes, des disques, des concerts –, c'est largement plus qu'un peu de bruit.

Le vieux et défunt maré-

(*) TRADUCTION APPROXIMATIVE

chal Oustinov, qui n'hésitait pas à monter en chaire contre la rock-décadence, n'avait pas tort. Décadents les photographes qui tirent le portrait de ces jeunes vedettes pour des revues soviétiques, décadents les journalistes qui font la chronique des disques et des concerts, décadent le présentateur de Télé-Leningrad qui truffe son émission hebdomadaire d'enregistrements de rock, en commençant par sa propre formation ; décadents, décadents les organisateurs de concerts qui ont découvert que le rock n'était pas une mauvaise affaire ; décadents les imprésarios qui font mousser les uns et les autres, décadent le directeur de Mélodia, la seule firme de disques soviétique, qui accepte d'enregistrer ces trublions allergiques à la balalaïka...

Étrange coup de pied du destin que cette musique rock soit devenue la musique *populaire* de l'Union soviétique : de Leningrad à Irkoutsk en passant par Tbilissi et Riga. Comme dit Cabu, ce n'était pas la peine de prier Lénine pendant soixante-dix ans pour en arriver là et avoir du rock à la télé toutes les semaines.

Cette explosion du rock, comme d'autres modes, tendrait à prouver que dans un sens au moins, le « rideau de fer » est totalement percé. A moins que, tout simplement, en fin de compte, il ne serve pratiquement à rien.

Le samedi soir après l'turbin

Lumière noire, paillettes, prestidigitation, french-cancan, jambes levées bien haut, jupette et poitrines généreusement dévoilées, rengaines soviétiques et étrangères, hauts-de-forme et claquettes... le caf' conc' existe à Moscou, nous y avons passé une soirée inoubliable – en compagnie d'une assistance soviétique ravie car il ne s'agit pas d'un spectacle pour touristes étrangers.

On dîne, on danse, on s'amuse et on drague au restaurant Arbat, haut lieu des plaisirs bourgeois de la capitale. Caviar, vodka et jolies filles, sur scène et dans la salle, la soirée est fantastiquement rétro. A mille lieues des discothèques où l'on s'agite sur des rythmes de rock, l'une se trouvant pourtant à une centaine de mètres. Les plaisirs ringards sont sans doute plus sains que les plaisirs modernes car la discothèque est ouverte moins souvent et ferme plus tôt que l'Arbat. Pour la première fois depuis des dizaines d'années, les générations divorcent ouvertement : comme si le « moule » était cassé.

Pour la table, rien à dire : tout est fort bon, à commencer par les zakouski – les amuse-gueule –, qui sont servis d'autorité à tout le monde. Quant au spectacle, il est fascinant : on pourrait être à Londres, Berlin – *Cabaret !* –, New York ou Paris, mais surtout à Dallas, Houston, Carpentras ou Nice. Les

MOSCOU LA NUIT

TOUS LES POPOV SONT GRIS

numéros : à quelques exceptions près du music-hall de second choix. Non pas, parfois, par le talent des artistes, mais par les thèmes choisis. Une pâle décalcomanie américaine. Comme si, là aussi, le mythe des « autres » jouait à fond. Venir à Moscou pour voir de fausses danseuses noires affublées de bananes et autres fruits exotiques est une expérience que Cabu, puisqu'il n'aime pas le rock, ne pouvait pas manquer. Il n'était pas encore vraiment satisfait.

Nous avons pourtant passé une grande soirée, en joyeuse compagnie, où dominaient des Géorgiens venus de leur province ou de leurs affaires avec des roubles débordant des poches. Moscou *by night* avec toutes ses splendeurs et ses toilettes qui datent un peu, avec beaucoup de dentelles et de gorges pigeonnantes ; le bal de la sous-préfecture avec des attractions et Lucien Jeunesse dans le rôle du play-boy présentateur. Assistance très mélangée avec, aussi, des vêtements sans prétention et quelques grosses dames qui se secouent avec application quand l'orchestre entame la pause pour danser.

Nous ricanions... ils s'amusaient sans arrière-pensées, faisant la fête aux numéros de chanteurs, de danseuses, de jongleurs (les meilleurs), d'acrobates ou de prestidigitateurs. Comme des notables ou des touristes de Dallas, d'Orléans ou de Bonn. Béats de-

vant un spectacle de l'Internationale... capitaliste : toujours la fascination des « autres ».

De temps à autre, comme pour dédouaner le spectacle, les balalaïkas font un petit tour sur la scène, entre deux goualanteurs gominés ; et en attendant l'homme en gibus qui vient jongler avec sa canne comme à Broadway ou au Lido. Pourtant, ce restaurant est propriété de la ville de Moscou dont les services culturels en organisent jalousement la programmation, veillant à la qualité des artistes et des musiciens...

Chaque soir, on croise à l'Arbat des groupes en goguette, des couples d'amoureux, des bandes de provinciaux ornés de bagues et de belles jeunes femmes bien esseulées. Elles draguent au hasard, toutes aussi belles, et souvent aussi élégantes, les unes que les autres ; pour le plaisir ou un peu plus.

Ces « Belles » de Moscou viennent, au sens le plus ancien du terme, chercher fortune. Capables de dire oui pour un sourire, un foulard, une bague ou beaucoup plus. Étoiles filantes cherchant dans la foule aussi bien un amant qui les change de la routine (il paraît que c'est tragique...) masculine *russe* que de quoi finir le mois ou commencer le suivant en beauté. Ce serait leur faire injure que de les qualifier de prostituées. En France, il y a longtemps, on avait un mot : demi-mondaines. Mais ce n'est pas encore tout à fait cela. Sautons à pieds joints dans le cliché : c'est slave et intraduisible.

Soirée au cours de laquelle nous avons constamment hésité entre le fou rire et l'attendrissement : une atmosphère qui ne correspond à aucun de nos stéréotypes sur l'URSS, sur ces Soviétiques qui s'ennuieraient à longueur d'année dans une société qui ne serait conçue que pour le travail et la gloire du Parti. On ne voudrait pas avoir l'air de critiquer, mais le spectacle manquait singulièrement de rigueur idéologique.

Mais, attention il existe une limite au stupre : comme ailleurs, la fête se termine à 23 heures et même dix minutes plus tôt, pour donner au personnel le temps de ranger. Sur un dernier air américain, anglais ou français ou sur un dernier standard-sirop international, tout le monde repart sagement chez soi.

Vous avez dit socialiste ?

LES REPAS DE LA JOURNÉE

petit déjeuner (ZAVTRAK)

dejeuner (OB'YED)

diner (OUJIN)

Les Français estomaqués

Déjeuner dans l'un des restaurants libre-service qui abondent à Moscou et dans toutes les villes soviétiques ne coûte pas cher du tout : pour un rouble on peut se nourrir et cela ne vaut vraiment pas plus. Déjeuner ou dîner dans l'un des grands restaurants de Moscou ou de Leningrad, cela ne coûte pas cher non plus, même avec du caviar, et cela vaut largement plus.

En attendant qu'aboutissent les négociations entre MacDonald et les Soviétiques qui cherchent aussi à attirer une chaîne de pizzas, il faut se contenter de ces choix extrêmes.

Reste ensuite à percer les mystères du fonctionnement d'un restaurant, quand il s'agit des grands, et à ne pas trop poser de questions sur les contenus, quand il s'agit des petits. Il ne faut jamais se fier à la longueur des menus puisqu'ils sont imprimés selon les impératifs du Plan tels qu'ils se présentaient... il y a quelques années. Cela signifie qu'en règle générale, l'effort créatif du cuistot consiste à tailler son crayon pour barrer tout « ce qu'il n'y a pas ».

Mais il faut se garder d'en rester à cette première impression car, ce qu'il n'y a pas, il peut quand même y en avoir. A condition de le demander avec doigté.

Preuve que l'imagination reste au pouvoir en tout cas dans les cuisines : on peut trouver des choses totalement différentes sous les mêmes appellations décidées par les spécialistes du Plan qui ont au moins autant d'estomac que les clients.

Rêvons : depuis le 10 mars 1987, un restaurant privé fonctionne à Moscou. Actuellement, ils prennent des réservations pour 1989.

"FAST-FOOD" RUE GORKI

en France…
à Moscou…
ПРОДУКТЫ
17 80

Tous les Français sont riches

Beaucoup de Soviétiques sont persuadés que nous vivons dans un véritable paradis et qu'il suffit de se pointer à la frontière d'un pays occidental pour trouver immédiatement la fortune, la tranquillité et le droit de faire n'importe quoi. Inutile de tenter de les dissuader, ils croient que c'est uniquement pour ne pas leur faire de peine ou ne pas leur faire envie qu'un Occidental raconte de tels pieux mensonges. Ces certitudes expliquent les déceptions que connaissent un certain nombre d'exilés, économiques ou politiques, qui se rendent rapidement compte qu'une fois épuisés les charmes de leur exotisme, tout le monde les laisse tomber. Ces illusions sur nos sociétés tendraient à prouver que la propagande sur la misère et les dures conditions d'existence qui règnent dans nos pays et dont parlent souvent la télévision et les journaux n'est pas très efficace. Peut-être parce que les auteurs de ces morceaux d'anthologie anticapitaliste ne sont plus très convaincus eux-mêmes.

Tout fout le camp.

Pas triste !

Comme beaucoup d'autres villes du pays, Moscou a la réputation d'être triste, de n'offrir aucune distraction : officiellement, comme la guerre avec le capitalisme n'est pas encore terminée, on n'est pas vraiment là pour rigoler, camarades !

Une seule vérité dans le cliché : tout ferme à 11 heures du soir. Au-delà il n'est pas question d'encourager le Soviétique à entamer sa force de travail du lendemain. Depuis des décennies, tous les citoyens sont ainsi priés de se mettre au lit avant minuit, y compris pendant le week-end. Un moyen comme un autre d'inciter à la procréation. Vu le taux de naissances qui est inférieur à celui de la France, la ruse ne marche pas.

Car les Russes font la fête chez eux, et pas seulement le samedi : un coup d'œil sur les fenêtres des grands immeubles de banlieue montre que le taux des couche-tard est, lui, très élevé. En plus, l'électricité n'est pas chère du tout.

Avant la fiesta à la maison, il y a le théâtre, le cinéma et les restaurants. Et les bars aux lumières tamisées ou les discothèques. Là, on papote, on smurfe, on scratche, on rocke. Bref, on s'éclate aux décibels avec les groupes locaux et les vedettes étrangères.

Le problème, c'est qu'on peut passer dix fois de-

AVOIR 18 ANS À MOSCOU...

ALLER OÙ ?.. SUR LES BORDS DE LA MOSKOVA ? C'EST LE MÉTRO À SIX HEURES

ATTENDRE L'HIVER POUR ESPÉRER UN BANC DANS UN JARDIN PUBLIC ?

PROFITER D'UNE ABSENCE DES PARENTS POUR ENTRER DANS L'APPARTEMENT FAMILIAL ?

ICI, TOUT EST FAIT POUR LES ENFANTS ET RIEN POUR LES ADOLESCENTS... ALORS, UNE DERNIÈRE FOIS...

vant l'entrée d'un bar tranquille ou d'une discothèque sans la remarquer. Au pays de l'uniformité, les technocrates, qui décident de tout sur la forme mais ne contrôlent souvent pas grand-chose sur le fond, ont réussi à construire de la même façon l'entrée d'une boulangerie, d'une librairie et d'une boîte à punks !

Révolution : depuis 1986 deux restaurants de Leningrad ouvrent leurs portes jusqu'à minuit. Le commencement de la fin.

Qui trop embrasse, mal étreint

ON S'EMBRASSE À MOSCOU COMME DANS LES FILMS HOLLYWOODIENS DE SÉRIE B

Les kremlinologues n'ont pas remarqué que le camarade Gorbatchev avait commencé sa vraie révolution à l'automne 1985. Depuis cette date, en effet, rompant avec une coutume locale, le secrétaire général du Parti n'embrasse plus ses camarades quand ils l'attendent à l'aéroport de Cherimétiévo ou de Vnoukovo. Le baiser socialiste officiel est en voie de disparition et le président Gromyko l'a appris à ses dépens au mois de novembre 1985 : venu accueillir Gorbatchev à l'aéroport lors de son retour de Genève, il a ouvert les bras dans le vide, l'arrivant se contentant de lui secouer vigoureusement la main. D'où un flottement dans la rangée d'oignons qui étaient de service à l'accueil. Tout doucement, le mot d'ordre redescend la hiérarchie et les baisers virils ne se pratiquent plus guère que dans des comités de quartier isolés ou dans des provinces reculées.

Les militaires, chez qui la tradition est toujours beaucoup plus solide qu'ailleurs, paraissent s'obstiner à se rouler un patin de la paix dans les lieux publics. Y compris dans les aéroports et les gares où les porteurs d'uniforme s'attendent et se congratulent le bouquet de fleurs à la main, hiver comme été. Mais une observation attentive des mœurs militaires tend à démontrer que le baiser masculin est quand même en recul, notamment pour les grades les plus élevés.

On se perd en conjectures sur les causes de cet abandon de l'accolade fraternelle au profit du *shake-hand* américano-occidental. Il n'est pas raisonnable d'y discerner un révisionnisme rampant, pas plus qu'on ne peut relier cette réalité aux rumeurs qui courent depuis l'été 1985 sur l'arrivée à Moscou d'un mal « typiquement occidental » : le SIDA.

l'amour en URSS inspire le cinéma-porno français (Affiche vue à la Bastille à Paris)

Téléfilm sur le rôle du cadre dans la société soviétique : spectacle érotique et télévisé du matin...

Presque chaque matin, pour l'édification du socialisme, des personnes âgées, des agriculteurs bloqués par le froid, des malades, des femmes qui ne travaillent pas et de tous ceux qui devraient être au travail, la première chaîne de télévision diffuse invariablement un téléfilm d'une heure destiné soit à rappeler qu'il y a des gens qui réussissent à remplir le Plan ou bien à mettre en valeur une des idées forces du moment. Au cas où certains téléspectateurs en auraient manqué quelques images, ces purs chefs-d'œuvre qu'on dirait tournés pour une séquence un peu folle de la Caméra invisible sont souvent rediffusés au cours de l'après-midi.

Les trois chaînes de la télévision soviétique, deux nationales et une régionale, sont en cours de modernisation et, dans le cadre de la « transparence » voulue par le camarade Gorbatchev, il y a des jours où l'on voit un peu plus clair à travers le petit écran. Ce qui donne lieu à quelques bousculades réjouissantes : le dimanche matin, après la gymtonic, le loto sportif et les émissions pour enfants, des reportages sur l'armée voisinent souvent avec des variétés plus primesautières qu'avant et où l'on aperçoit des extraits de concerts rock. Preuve que la transparence et la modernisation ne sont pas de tout repos pour les programmateurs de la télé : début 1986, la direction de

TÉLÉ : Ni BOUYGUES ...

…Ni HERSANT !
ILS SINGENT LE STYLE PETIT BOURGEOIS OCCIDENTAL !
SPEAKERINE
SPEAKERINE
ТВ
СССР
présentatrice
ASSE-
PS DES
ES ET DES
OISELLES
VENTRILOQUE AVEC LA VOIX DE BREJNEV
(M'A-T-IL SEMBLÉ)
variétés aussi nulles que partout
LE MOUROUSI DE LÀ-BAS
VIEILLE GANACHE QUI LA RAMÈNE ENCORE
DES MILITAIRES DANS TOUTES LES ÉMISSIONS

la première chaîne a été inondée de lettres de grand-mères et de vieux bolcheviks expliquant gravement que l'émission de gymtonic était un pur « scandale » et montrait aux enfants et aux adultes des « poses suggestives » des dames offertes en exemple aux sportifs en chambre.

C'est à peu près aussi érotique que la plupart des speakerines qui sont habillées et coiffées comme si elles revenaient du bal de la sous-préfecture de Florac (Lozère). Pas de genoux dévoilés ni de poitrines arborées : elles sont sérieuses comme des papes et sont plutôt recrutées d'après la lecture des œuvres de Lénine que sur un extrait de comédie.

Depuis le début de 1986, les informations, essentiellement le journal de 21 heures, Vriémia, commencent à bouger un peu et, de temps en temps, les deux chandelles qui présentent les nouvelles avec le style inimitable des années 50 se permettent même des réflexions personnelles. Quant aux journalistes en reportage, ils ont tendance à faire bouger de plus en plus leurs caméras, tout étonnés d'avoir un peu plus la bride sur le cou. C'est Gorbatchev qui « leur a appris à travailler » en faisant donner des instructions pour que ses tournées en province soient filmées normalement et non plus comme de mauvaises pièces de théâtre. Certains soirs il y a même des débats avec engueulades qui prouvent que ce système politique est en train de filer un mauvais coton. Et en direct : c'est d'un bourgeois et d'un conventionnel ! Après la privatisation, la première chaîne soviétique nous rachètera peut-être Polac à prix d'or ou contre les emprunts russes.

D'autres soirs, c'est Sodome et Gomorrhe, le stupre et l'antichambre de la fornication avec des spectacles de variétés qui fleurent bon la décadence occidentale. La preuve, c'est que l'on aperçoit de plus en

Peu d'images à la télé soviétique ?

C'est faux ! on peut voir toutes les catastrophes… qui se passent en Occident !

TOUS SUR ORBITE !

plus souvent des groupes rock à l'écran ou même un certain Valérie Léontev qui est, de notoriété publique, un chanteur homosexuel, état de déviance formellement puni par la loi. Des spectacles considérés comme largement plus subversifs que les films de Louis de Funès ou les versions baroques des *Trois Mousquetaires*.

Mais cette mise au goût du jour qui se traduit parfois par de saisissants reportages sur la drogue (qui n'existaient pas avant 1985...) n'empêche pas les traditions de se maintenir ; et les superbes reportages sur les réalisations soviétiques se taillent toujours une belle place sur l'écran, échantillonnage parfait de l'humour soviétique involontaire.

Mais les Soviétiques aiment peut-être aussi cela, car à Moscou, cela fait des années qu'ils se pressent à la fameuse « Exposition permanente des Réalisations soviétiques » : un parc de plusieurs centaines d'hectares visitables en petit train ou à pied et où l'on peut se passionner pour les derniers tracteurs, les fusées de l'espace, le fonctionnement des fermes modèles avec des vrais cochons ou l'organisation des transports. Lénine veille sur ce parc avec sa dignité habituelle, ignorant sans doute que les Moscovites regardent désormais avec condescendance les provinciaux qui se ruent vers cette Foire de Moscou permanente.

Au fond de ce parc, surprise, il y a des chevaux magnifiques, probablement les plus beaux de Moscou, et des cultures expérimentales de fruits que les visiteurs laissent intacts. C'est pas en France qu'on verrait ça...

Le café Pouchkine

Nous l'avons trouvé : il a été inauguré une bonne vingtaine d'années après la chanson de Gilbert Bécaud dans la rue principale de Leningrad, la fameuse Perspective-Nevski. Le réalisme soviétique n'y a pas frappé et c'est un délicieux café rétro qui a été restauré là où le poète Pouchkine a écrit ses dernières lettres avant de se battre en duel et de se faire tuer par un Belge au milieu du dix-neuvième siècle. Les lieux avaient été transformés en bureaux entre les deux guerres et les décorateurs se sont donné du mal pour retrouver les salles d'origine et tout ce qui les décorait.

Ce café littéraire Pouchkine a ouvert ses portes en 1985 et est rapidement devenu un des endroits les plus chics de Leningrad, à l'écart de la ruée touristique et des Finlandais qui viennent se saouler *rouge* le week-end. Dans un rez-de-chaussée on prend le thé et on déjeune légèrement dans des petits salons ; au premier étage on dîne tandis qu'un pianiste joue des airs classiques, parfois accompagné d'un ou plusieurs violonistes. Ambiance très bourgeoise et très rétro qui ravit les habitants de Leningrad en général plutôt enclins à considérer les Moscovites comme des rustres et des paysans. Petite curiosité du monde soviétique : les prix des repas ne sont guère plus chers qu'ailleurs.

léningrad

Certains soirs, la responsable culturelle (eh oui !) de l'établissement complète le caviar, le saumon, l'esturgeon avec des causeries littéraires qui tendent en général à prouver que Pouchkine était un authentique révolutionnaire. De quoi gâcher la bonne chère, le vin blanc de Géorgie et la vodka, car il faut vraiment triturer l'histoire pour faire une pareille trouvaille. Sur ce thème, les soirées tournent souvent au « tragique », certains clients étant toujours prêts à chialer dans les zakouskis quand le narrateur de service se fait grave en arrivant aux derniers instants du poète ; au moment où il regarde le canal par la fenêtre avant d'aller se faire trucider par un Belge pour l'honneur d'une dame. La responsable culturelle en rajoute volontiers dans le trémolo. Sur fond de violons avec, luxe suprême, une tourneuse de pages de partition pour le pianiste. Soit pour faire comme autrefois, soit pour lutter contre le chômage. Le mystère reste entier...

Café Pouchkine à Léningrad - Soirée littéraire

Pendant toute cette séance, Cabu a montré un héroïsme qui aurait fait l'admiration de Pouchkine lui-même : il buvait littéralement les paroles de l'érudit de service sous l'œil attentif, il est vrai, de la groupie de Pouchkine. Elle est toujours prête à faire les gros yeux à ceux dont l'attention flanche pour se reporter vers l'assiette. Parfois le plat de résistance culturel dure plus d'une heure. Et pas question de s'absenter diplomatiquement. On-ne-bou-ge-pas !

Ce n'est qu'un mauvais moment à passer et il y a des soirées sans Pouchkine au menu, avec simplement de la musique et des bougies. La vieille Russie recréée ; avec toute sa magie, tous les fantasmes et tous les clichés dont on a pu rêver. Certains soirs on écoute même les violons sanglotants des Tziganes.

Quand elle le désire, ou par hasard, la société socialiste est donc tout à fait capable de retrouver ses racines en échappant aux maniaques du Plan. Tous les espoirs sont alors permis. Il faudra simplement trouver le moyen de faire taire l'animatrice, qui risque à la longue d'effaroucher le client quand l'effet comique sera usé.

La vodka : le désordre

Le plan de lutte contre l'alcool bat son plein et produit ses effets : il y a moins d'ivrognes dans les rues et les transports. Les femmes sont unanimes à s'en réjouir. Reste à savoir si la consommation a diminué à la maison et si les alambics personnels n'ont pas doublé leur production de tord-boyaux.

De toute façon, la vie sociale est désorganisée. En effet, il faut désormais porter des toasts officiels avec de la limonade. Déjà que les toasts sonnaient le creux... Conclusion, la disparition de l'alcool de la moindre réunion officielle entraîne une baisse du tonus politique. Quand il y a des toasts avec des étrangers il existe une parade : ces derniers peuvent être autorisés (disons... incités) à apporter leur alcool. Ils sont assurés d'avance qu'on ne leur fera pas l'injure de refuser leur boisson sous prétexte qu'ils devraient connaître la législation soviétique.

Dans les restaurants, on ne sert ni vin ni alcool avant 2 heures de l'après-midi. Ce qui a pour conséquence de repousser à cette heure-là le moindre des déjeuners un peu sérieux et de désorganiser la journée de travail ou de faire consommer de la vodka dans des carafes d'eau.

Le nombre des boutiques où l'on vend des vins et des alcools a brutalement diminué et la vente ne commence qu'à 14 heures. Situation qui oblige les

ANCIENS COMBATTANTS

clients à s'installer devant la porte vers midi avec la certitude, pour les plus chanceux, d'en repartir à la fin de l'après-midi. Ce qui désorganise la production et contribue à dévaloriser l'image du pays à cause des queues plus importantes que jamais. Pour les plus assoiffés, plusieurs marathons hebdomadaires sont nécessaires, avec toutes les conséquences que l'on peut imaginer quant à la présence sur les lieux de travail.

Cela n'est encore rien, comparé à la tragédie que vivent les responsables de magasin de boissons, tiraillés qu'ils sont entre la nécessité d'atteindre – simultanément – les chiffres du Plan qui prévoient une augmentation régulière du chiffre d'affaires et les objectifs du Plan qui programment désormais une réduction de la consommation de liquides alcoolisés sans avoir prévu une production supplémentaire de sodas.

Nous nous moquons à peine et nous n'exagérons pas. Et pour preuve que ce livre n'est qu'un regard plus ou moins souriant sur la vie quotidienne réelle des Soviétiques, voici ce que déclarait officiellement à ses troupes, au mois d'avril 1986, le responsable du parti communiste de Moscou, le camarade Eltsine, que nous remercions vivement pour sa précieuse collaboration...

« Pour ce qui est des boissons non alcoolisées, la situation est pour l'instant très difficile à Moscou. D'autre part, nous continuons à produire ici des boissons fortement alcoolisées à base de vin mais comme il est interdit de les vendre à Moscou, nous abreuvons la région. Il faut continuer à réduire la production des boissons alcoolisées, à réduire le nombre des points de vente. Au cours du premier trimestre, leur vente a été réduite de trente pour cent. Mais en même temps, les ivrognes ont commencé à faire leur

réapparition dans les rues. Ce qui montre que nous nous sommes peu à peu endormis et que nous avons affaibli la lutte contre le mal en décidant qu'il était vaincu. En réalité, le combat contre l'alcoolisme n'en est qu'à ses débuts et il est trop tôt pour nous tranquilliser. L'ivrognerie a été bannie des rues vers les appartements. Ce n'est pas un hasard si le nombre de crimes commis dans les appartements a augmenté. Dans ces conditions, notre slogan "faisons de Moscou une ville communiste modèle" ne fait pas très sérieux. Il faut revoir les critères de ce qui est exemplaire et de ce qui est communiste. »

Voilà un beau morceau d'anticommunisme primaire qui va désespérer Billancourt.

Régime sec : le mal absolu

L'histoire fait le tour d'URSS depuis l'été 1986 et elle illustre assez bien l'impression d'un certain nombre de Soviétiques qui affirment en ricanant qu'en matière économique et financière, la seule réussite du Secrétaire général a été la lutte contre la vente de la vodka... Les Soviétiques adorent d'autant plus ces « anecdotes » qu'elles ne sont jamais innocentes.

Profitant d'une des nombreuses tournées en province de Mikhaïl son mari, la belle Raïssa Gorbatchev se prélasse au lit avec le ministre des Affaires étrangères, Edouard Chervarnadzé.

Soudain, la porte de l'immeuble claque et, dans l'escalier, on entend des pas... Angoisse, puis affolement de Madame qui comprend que, ciel, c'est son mari qui rentre.

Elle veut donc chasser son compagnon d'un soir. Mais Edouard hausse les épaules : « Mais où est le problème, ma chère, nous ne faisons rien de mal, nous ne buvons pas de vodka... »

Surnom de Gorbatchev dans la population : le Secrétaire minéral du Parti communiste.

Giguli-gigula...

L'idée la plus communément reçue à propos de l'URSS, c'est que les avenues immenses imaginées par Staline et les autres ne sont peuplées que de piétons faméliques masquant quelques voitures et de vieux camions cacochymes. Un rêve d'écolos, en somme. Cauchemar, en réalité : dans des villes dotées d'un système de transports en commun proche de la perfection en surface comme en sous-sol, les Soviétiques ne rêvent que de voitures ; et au rythme de la production nationale des Giguli, version robuste et socialiste de la Fiat 125, les cités s'engorgent...

station Komsomolskaia

LES PETITS BOULOTS
ans le métro de MOSCOU, il y a des lustres.
ui, dans le métro de Paris, ils seraient volés !..
Au bas de l'escalier roulant, une grosse
employée. Au cas où quelqu'un glisserait...
us vaste que le métro de Paris et moins étouffant.
ais davantage de militaires de tous gabarits
Ils devraient mettre la momie de LÉNINE
dans le métro. Le marbre est encore plus beau.
routchev dirigea les travaux du métro en 1932.
voulait donner au peuple un PALAIS souterrain.
Pour les dirigeants actuels, le métro de MOSCOU n'est pas
assez luxueux... Ils ne le prennent jamais !..

La nature humaine n'est pas écologique, semble-t-il, et peu à peu les embouteillages font les belles fins d'après-midi de Moscou. Y compris sur le périphérique intérieur dont la largeur suffirait pourtant à rendre ridicule la moindre manifestation de masse. Dédaignant les autobus qui viennent les cueillir à leurs portes au fur et à mesure que les immeubles se construisent, les Moscovites se ruent sur les bagnoles comme de vulgaires employés de la Régie Renault. A tel point que dans le sud de Moscou il a souvent fallu, en toute hâte, creuser des parkings souterrains faute de place suffisante en surface. Et aussi parce que les riverains, encore divisés en piétons et automobilistes par la faiblesse de la production, s'engueulaient sur les bagnoles ventouses dévorant l'espace et les aires de jeu des enfants.

Cabu a découvert le désastre avec angoisse, s'initiant rapidement à une version locale de l'esquive taurine : car, hors du trottoir, pas de salut camarade ! Quand c'est aux autos de foncer, ce n'est certainement pas aux piétons de tenter leur chance. Les kamikazes moscovites font encore moins de cadeaux que les automobilistes parisiens. A tel point qu'ils sont parfois tenus d'en faire aux agents de la circulation. L'accroc coûte trois roubles payables sur-le-champ, avec ou sans petit discours de morale. Pour les amendes plus fortes, du genre franchissement de feu rouge, la situation peut se révéler négociable, tout comme l'absence de papiers ou de permis de conduire. Pour les trois roubles, le policier remet gentiment un petit reçu gros comme un timbre-poste dont l'impression doit, à l'évidence, coûter moins cher qu'une contravention française...

Cabu, qui est un sentimental et un raisonneur, a tenté d'expliquer que, justement, dans un système collectif et socialiste, il était, peut-être, inutile de se ec une voiture de location, dans les rues de Leningrad...

ude-Marie Vadrot au volant. À sa droite, un soviétique.
flic nous siffle. Un flic asiatique...

Ne vous arrêtez pas ! » dit le soviétique « c'est un bougnoule à nous ! »

ruer sur la voiture individuelle. Le raisonnement n'a pas été clairement perçu par les masses laborieuses. « Que faire ? que faire ? » répétait-il en humant l'air fortement gazoliné des grandes avenues de Moscou...

Il en était là de ses réflexions quand il a découvert dans un musée que le camarade Lénine roulait en Rolls. Rolls à chenilles pour l'hiver, mais Rolls quand même, avec bouchon de radiateur en parfait état.

Cela dit, les camions ne sont pas tous vieux, mais ils sont vraiment cacochymes et cracheurs de fumée. Ce qui ne les empêche pas de servir de voitures particulières à de nombreux Soviétiques. A Moscou le nombre de camions qui circulent à vide à de quoi faire... rougir les membres du Parti. Qui en ont bien besoin, dit tonton Gorby qui ne sait plus quoi faire pour rappeler à ses ouailles qu'elles sont socialistes et que le socialisme ce n'est pas le partage des biens de l'État.

Vladimir rentre à Levallois

Les Russes ont-ils, un jour lointain, apporté une habitude à Paris ? La question mérite d'être posée car le taxi moscovite, comme le taxi parisien qui fut un temps russe avant d'être vietnamien, a pour spécialité d'aller, justement, dans la direction opposée à celle qui intéresse le client. A Moscou comme à Paris, les taxis « rentrent à Levallois » à toute heure de la nuit et du jour, selon une programmation qui échappe à tout décryptage.

Cabu prétend qu'il se sent plus en sécurité dans son vieux « trèfle » des années 30 que dans certaines de ces voitures de louage qui ont l'air d'être en service depuis la dernière guerre. Saisissant : quelques-unes offrent les joies de la mer, avec tangage et roulis tandis que le chauffeur mouline désespérément avec le levier de vitesses pour en trouver une qui accroche soudain dans un hoquet grinçant. A chaque feu rouge ou à chaque reprise, quand la voiture court sur son erre avant de repartir au vert qui tarde, le suspense est insoutenable : ça broute, ça grogne, ça tremble, ça couine et ça repart comme un vieux chalutier qui, après avoir hésité, remonte à la lame. Quand on gagne l'aéroport de Moscou avec un peu de retard, l'épreuve est redoutable pour le cœur et les nerfs.

Dans ces taxis en état de coma dépassé, seul le

LES SAISONS À MOSCOU

compteur fonctionne avec un tic-tac rassurant qui fait oublier le gîte changeant de ces radeaux médusants. Il n'est pas le seul à fonctionner : même en plein hiver, les épaves les plus saisissantes produisent une douce chaleur puisée à on ne sait quelle source miraculeuse.

Mais ces taxis bringuebalants que leurs conducteurs domptent avec un doigté qui en dit long sur l'état général de la flotte offrent d'autres curiosités. D'abord, il est rare, dans ces modèles de collection, qu'il soit possible d'ouvrir plus de deux portes de l'extérieur. Comme si le chauffeur obtenait des machines les plus délabrées qu'elles participent à son choix de la clientèle : impossible de monter dedans d'autorité. Évidemment mieux vaut, en se laissant tomber sur les sièges encore plus fatigués que le moteur, ne pas jeter un coup d'œil sur les pneus. Ils offrent un superbe lissé : des vrais pneus de formule Un, brillants comme des kopecks neufs. Ils ne sont pas mieux sur les voitures particulières, et sur l'une des voitures que nous avons louées la roue de

secours n'aurait pas roulé plus de dix kilomètres sans rendre l'âme. L'aventure... car chercher un garage c'est commencer à trembler un pneu...

La situation n'émeut pas la police des rues dont la préoccupation essentielle reste que l'automobiliste circule dans la ligne assignée par le planificateur-urbaniste et ne déroge pas aux règles qui régissent l'art et la manière de tourner à droite et même à gauche. Il est d'ailleurs souvent très difficile de tourner à gauche, beaucoup plus difficile de faire un demi-tour complet. Ce qui mérite réflexion dans un pays qui a un peu perdu le nord depuis l'arrivée de tonton Gorby. En fait, pour s'en sortir il faut deviner à l'avance tous les tournants et tous les virages, y compris les plus surprenants...

Cela dit, logique qui s'exporte mal, quand on se maintient dans la ligne tracée (au sol), tout le reste est permis. Une circulation qui ressemble à la société soviétique : quand les apparences sont sauves, la loi de la jungle peut régner. Le code de la route est indiscernable dans le comportement du conducteur

Non !.. comment démarrer le matin par -20°

moyen et, sur le bitume, la place se conquiert de haute lutte. Depuis le mois de juin 1985, mieux vaut abandonner la vodka quand on conduit car le moindre verre vaut cent roubles, la moitié d'un salaire moyen en ville.

Autre source d'amende : circuler sur les voies centrales de quelques grandes avenues de Moscou conduisant aux aéroports. Elles sont réservées aux véhicules officiels, ces longues voitures noires aux rideaux presque toujours tirés. Même les chauffeurs de taxi ne se risquent pas à emprunter ces routes de la nomenklatura.

Moscou ne déroge pas aux habitudes des grandes capitales : un taxi, cela sert pour aller d'un point à un autre ; mais c'est aussi le seul moyen de trouver de la vodka à 2 heures du matin, une banque rou-

L'INTERNATIONALE FOOTBALLISTIQUE

(*) LE CHAUFFEUR DE TAXI ME DEMANDE SI JE VAIS À L'HOTEL UKRAINE **OU** PLACE D'UKRAINE...

lante pour changer des devises au marché noir, une mini-boutique pour acheter des cassettes de rock ou une livre de caviar livrable dans la demi-heure qui suit, la meilleure façon de trouver une boutique dont on a oublié l'adresse et enfin, autre système mêmes mœurs, le meilleur moyen de transport menant à d'autres transports également tarifés.

Dernier mystère : la plupart des taxis dans lesquels on monte ont très peu d'essence dans leur réservoir. J'ai longtemps cru à une malchance personnelle persistante puis j'ai renoncé à comprendre.

Une consolation : les taxis soviétiques ne sont pas chers et leurs chauffeurs gagnent bien leur vie. Surtout depuis qu'ils sont intéressés aux bénéfices...

Ces « taxis » sont aussi des gens à fréquenter quand on possède une voiture car ils savent où trouver ces pièces de rechange qui font souvent défaut et

(*) AH! FRANÇAIS!

peuvent intercéder auprès d'un garage pour une réparation qui durera moins de trois mois.

Les taxis partagent les immenses chaussées avec les camions de toutes tailles qui hantent les villes, transportant dans des conditions acrobatiques les matériaux les plus hétéroclites. Acrobatiques car les chargements sont souvent arrimés de façon surprenante sur ces camions surmenés : les chaussées, notamment sur le périphérique de Moscou, sont parsemées des marchandises les plus curieuses. Certains matins on peut y faire son marché après avoir slalomé entre des choux ou des planches...

Circulent aussi les camions vides, ceux qui servent de voitures particulières et qui, comme les autres, dégagent des fumées aussi saisissantes que noires. A certaines heures, celles où se conjuguent les besoins personnels et les transports officiels, les villes sont submergées par des camions encore plus kamikazes que les taxis. Surtout quand ils font la course sur le périphérique de Moscou qui offre cent neuf kilomètres d'anneau de vitesse.

Difficile de héler un camion quand les taxis « rentrent à Levallois » ou sont pleins, mais il reste les voitures noires qui traînent surtout autour des hôtels. Des chauffeurs d'administration dont les patrons sont en réunion : ils sont disponibles pour jouer les taxis moyennant quelques roubles qui améliorent leur ordinaire. Les prix dépendent essentiellement de l'heure de la journée : la loi de l'offre et de la demande est la règle et on peut comparer les prix d'une voiture à l'autre avant de choisir.

Si les chauffeurs de taxi ne sont en général que des conducteurs plutôt médiocres ne connaissant que le centre des villes, ils sont tous en excellente santé. Comme les automobilistes passant un permis de conduire, ils subissent un examen médical dont la complexité théorique devrait permettre de piloter un avion de ligne. De l'analyse de sang à l'électro-cardiogramme en passant par le neurologue, le postulant conducteur de taxi ou de voiture va à travers un parcours du combattant administrativo-médical beaucoup plus dissuasif que le prix des voitures ou la longueur des listes d'attente. Un vrai périple initiatique dont l'origine se perd dans la nuit des temps et du Plan. Pour les femmes un petit « plus » : elles doivent aussi subir un examen gynécologique. Ce qui explique peut-être pourquoi il y a si peu de conductrices, taxis ou voitures particulières, dans les villes.

Depuis quelques années, l'examen médical comporte une vérification de la gorge et des voies respiratoires. Peut-être pour s'assurer que le candidat peut couvrir le moteur ou le bruit de la circulation avec sa voix. Il n'existe pas d'autre explication logique. Heureusement, ce qui explique beaucoup de choses, les voitures ne sont soumises qu'à une vérification annuelle de principe dont l'objectif essentiel, preuve que les Soviétiques commencent à comprendre à quoi peuvent servir les automobilistes, est de ramasser une taxe de dix roubles.

Mais pour que ça rapporte vraiment il faudra augmenter la production de voitures : 1 800 000 voitures en 1986, d'après les chiffres officiels. Ce qui ne veut pas encore dire grand-chose.

Essuie-glaces

Depuis vingt ans, pour des raisons que le bon sens, l'économie, le Plan et les citoyens ignorent, l'URSS vit une tragique pénurie d'essuie-glaces de voiture.

Depuis vingt ans, avant de monter chez eux, de pénétrer au théâtre, au restaurant, au cinéma ou dans leur bureau, hiver comme été, les citadins enlèvent soigneusement les précieux balais. Car ils disparaissent : à tel point que lorsqu'on loue une voiture à Moscou ou à Leningrad, « Rent-a-car in USSR » *(sic)* précise que l'assurance contre les dommages ne couvre pas la disparition du précieux ustensile.

Il y a des gens qui stockent les essuie-glaces longtemps avant de posséder une automobile ! Ce qui amène à se demander si la pénurie actuelle ne relève pas plus du fantasme et de la psychose que d'un raté du Plan. Les responsables de celui-ci jurent que le retard de production a été rattrapé depuis des années et que, tout compte fait, il y a largement de quoi satisfaire la demande.

La disparition prolongée des engins relèverait donc d'une kleptomanie quasi génétique, autrement dit du réflexe conditionné. Ce qui devrait réjouir les plus obtus des scientifiques soviétiques, ceux qui rêvent depuis longtemps de façonner l'homme...

Le syndrome est d'autant plus passionnant qu'il ne concerne aucune autre partie particulière des voitures : l'essuie-glace, avec son va-et-vient qui efface tout immédiatement, aurait-il une haute valeur symbolique dissimulée dans l'inconscient des Soviétiques ?

La queue

Cabu en rêvait et nul ne peut concevoir Moscou sans ce serpent plus ou moins de mer, selon les années ou les jours. La queue est une institution, une tradition, une culture, un moyen de pression, un journal quotidien, une radio libre, un centre de renseignements ou d'entraide, une boutique, une décoration, une attraction touristique, un sport, un jeu de hasard, une distraction... voire un moyen commode de faire garder ses enfants. La queue vit, respire, ondule dans la rue et dans l'imaginaire de tous.

La queue, nous l'avons pratiquée : pour acheter une glace, pour entrer dans un restaurant, pour payer puis pour obtenir un café, pour entrer au spectacle, pour pénétrer dans le métro, pour attendre un taxi ou un ascenseur, pour accompagner un Russe qui avait besoin de pommes de terre et, bien sûr, pour entrer dans le pays.

La longue attente frontalière pour passer les contrôles policiers qui ne refoulent pratiquement personne et pour être inspecté par des douaniers qui ne saisissent pas grand-chose vise à mettre l'impétrant dans l'ambiance. Cette initiation rappelle dès l'arrivée que la queue n'est pas une plaisanterie ni une péripétie, mais un phénomène de société et probablement une façon de gouverner.

La queue-initiation, la queue de l'arrivée à Chéri-

QUEUES QUEUES QUEUES QUEUES QUEUES

E SYSTÈME DE LA TRIPLE QUEUE : il faut :
1 _ choisir son article et recevoir un ticket...

2 _ aller payer à la caisse...
3 _ revenir chercher ses achats avec le ticket oblitéré

our entrer dans le magasin, ça peut durer des heures.
t des varices). Ici des chaussures importées d'Italie...

Mais ce jour-là, il ne reste que des bottes fourrées...
Prenez-les, il n'y a rien de mieux pour cacher les varices.

Dans les pharmacies, pas de gaspillage. Les comprimés sont vendus au détail. Mais on ne trouve

ni pilule contraceptive, ni Tampax. Ça fait partie du charme de la jeune fille soviétique, avec le poil aux pattes.

métievo, est symbolique. L'aéroport est moderne et spacieux mais, de toute évidence, il n'y a pas et il n'y aura jamais assez de guichets pour accueillir les voyageurs dont on examine la photo et le faciès comme s'ils étaient animés des pires intentions. Sans aucun sourire, mais avec la plus extrême courtoisie. Il faut une bonne dose d'habitude pour ne pas se sentir coupable et les barbus sont gardés en observation plus longtemps que les autres.

A la douane, la queue se reforme, avançant par à-coups. Premiers visés : les impétrants du pays qui voudraient transformer leur retour en bonne affaire commerciale. Tout passe, ou presque, à condition de ne pas apparaître en plusieurs exemplaires dans la valise. Les résidents africains, à l'entrée comme à la sortie, ont souvent droit à un traitement particulier : ils sont soupçonnés, à tort ou à raison, de trafiquer un peu sur tout (et plus que les autres...) pour améliorer l'ordinaire des missions diplomatiques. Sans « devises fortes » à Moscou... ce n'est pas toujours la joie.

Ce jeu de la queue douanière n'aurait aucune vertu pédagogique pour l'étranger si celui-ci en connaissait les règles. Mais, comme souvent en URSS, elles restent inconnues et donc sont susceptibles de changer d'un voyageur ou d'un jour à l'autre. En dehors des explosifs, de la drogue et des armes à feu, nul ne sait ce qui est interdit à l'importation. Le concept de « littérature antisoviétique » est lui-même très flou. Avec Cabu, lors d'un passage de frontière en train, nous nous sommes fait confisquer un *Canard enchaîné* contenant une caricature de Reagan et de Gorbatchev. Mais la même douanière m'a laissé mon livre sur l'URSS. Toujours à la même frontière les cassettes d'un film sur le rock soviétique sont restées au piquet alors que deux mois plus tard elles franchissaient l'obstacle avec la bénédiction d'un autre fonctionnaire.

La vie de fonctionnaire des douanes soviétiques n'est pas drôle : après avoir manipulé les chaussettes et tous les trésors de l'Ouest, les douaniers s'offrent une petite compensation, l'examen attentif des magazines occidentaux. Pour raisons professionnelles, bien sûr. Au hit-parade du feuilletage minutieux : *Géo* et *Zoom*. Le premier pour les illustrations et le second pour les dames déshabillées qui ornent ce mensuel sans qu'on puisse dire qu'il soit, à l'aune de l'appréciation soviétique, « pornographique ». Le porno, ça ne passe pas mais, quand on n'a pas cherché à le dissimuler, le fonctionnaire des douanes délivre un joli reçu qui permet de le réclamer au départ. Pudibonds, mais honnêtes. Dans mon florilège des reçus se côtoient, entre autres, un formulaire pour *Play-Boy* et un autre, plus ancien, pour *la Cause du peuple.*

Après ces deux queues initiatiques, au fonctionnement et aux fluctuations anarcho-exemplaires qui peuvent durer jusqu'à deux heures tout compris, reste donc à découvrir toutes les autres queues...

Premièrement, elles existent même si elles ont diminué en intensité depuis une dizaine d'années ; deuxièmement, elles ne sont pas seulement provoquées par des pénuries. Disons que c'est plus compliqué. Dans une société bloquée, la queue représente désormais une sorte de psychodrame permanent lié à un réflexe pavlovien. La queue attire la queue car, lorsqu'il l'aperçoit, le Soviétique salive à l'idée de ce qu'il pourrait trouver au bout.

A l'une de ses premières queues, Cabu m'a demandé si, en URSS, il y avait pénurie de glaces à la vanille. La réponse, malgré la queue, est évidemment « non ». Alors ? Eh bien, tout simplement, il y a pénurie de marchands de glaces. Comme il y a pénurie de bars, de restaurants, d'épiceries, de vendeurs de billets de loterie, de boulangers, de cordonniers ou de marchands de réfrigérateurs. La première pénurie est celle des points de vente dont l'existence dépend, même pour un mini-kiosque dans la rue, d'un fonctionnaire du Plan qui applique des normes définies avant la guerre. On ne sait même pas laquelle (de guerre). Ni quelles normes, non plus.

Quand un produit ne manque pas, ce sont les points de distribution qui font défaut. Et la queue se forme, incitant à l'achat, à la queue, à l'achat, à la queue. Pour soi, pour plus tard, pour « le cas où », pour un ami, pour un voisin, pour échanger, pour revendre, ou à tout hasard. Le sac que trimbalent bon nombre de Soviétiques allant à leur boulot s'appelle d'ailleurs un « au-cas-où ». Tout un programme. Car, effectivement, peut surgir au coin d'une rue le produit dont justement on a besoin depuis deux mois et dont l'arrivée, ici ou là, ne correspond à aucune logique. Dans le circuit commercial, les marchandises circulent comme les boules du loto. Faire la queue ne coûte pas cher et peut rapporter gros.

Le système est tellement perverti, perturbé, qu'aucun produit ne « tient » dans une boutique plus de quelques jours, même s'il ne manque à personne. Il y a donc les vraies queues et les autres, les vraies pénuries et les autres. Indiscernables.

MAGASIN PRÈS DE L'HOTEL UKRAINIA

Antisoviétisme primaire

Pour respecter la tradition, et parce que le lecteur ne doit pas croire que tout est parfait en URSS, il faut bien évoquer les lieux préférés de Cabu quand il était un peu fatigué. Après avoir dessiné un militaire décoré comme un arbre de Noël ou la foule immense qui prend le métro, il a découvert les joies reposantes du dessin à l'intérieur d'une grande épicerie de banlieue...

Impossible de caricaturer : grandes allées bordées de pyramides de boîtes identiques, sucre, œufs, pains, pommes de terre, oignons, tomates et concombres, gondoles immaculées espérant les « prochaines livraisons » qui peuvent être surprenantes et toujours, au sens strict du mot, inattendues, on a vite fait le tour de la diversité alimentaire quotidienne. Pas de quoi affoler un dessinateur.

A Moscou on ne concocte pas son menu avant de descendre en courses : on le compose après avoir fait la longue tournée des épiceries du quartier. Ce qui évite aux mères de famille de se tourmenter et d'agacer leurs enfants avec la fameuse question qui traumatise tout l'Occident : « Qu'est-ce que je vais bien vous préparer pour dîner ? » La situation offre un autre avantage : le moindre nouveau dessert peut ravir des enfants dont le palais n'est jamais blasé.

РИЖСКИЙ РЫНОК
PEPSI
Marché Kolkhozien ou marché d'État ? En tous cas, il est prudent d'établir son menu...
LA CAISSIÈRE FAIT SES TOTAUX. ET VÉRIFIE SA CALCULATRICE... AVEC SON BOULIER
...après avoir fait ses commissions plutôt qu'avant.
AVANT
APRES
LISTE DES COMMISSIONS
RESULTAT DES COURSES
IL NE RESTE QUE DES PATATES !

Au retour en France, le premier parcours en libre service alimentaire traumatise. Choc qui n'est pas toujours à sens unique : avons-nous vraiment besoin des quarante-sept variétés de pâtes alimentaires comptées dans les rayons d'une superette de quartier après notre dernier voyage ? Ceux qui pensent que nous faisons bon marché de ces pauvres Soviétiques affamés ont perdu : quand même, en URSS, on a du mal à manger à son goût, mais pas à sa faim.

C'était notre séquence : l'antisoviétisme primaire doit lui aussi se moderniser.

Marchés libres...

Il est bien connu que le comique naît en général de la répétition. Pour cette raison, nous faisons de nouveau appel au camarade Eltsine, le responsable du parti communiste de Moscou, qui a été beaucoup plus sévère que nous lors de son intervention devant les membres du Parti de la capitale en avril 1986.

« Je me suis rendu dans de nombreux marchés de Moscou. Je n'avais jamais constaté (ce qui prouve qu'il sort très peu ou que sa femme fait les courses) de tels prix. Un minable bouquet de persil y coûte entre cinquante kopecks et un rouble, un kilogramme de viande huit roubles. Mais il est impossible de limiter les prix puisque ce moyen a déjà été utilisé sans succès. Les vendeurs émigrent simplement vers d'autres marchés, d'autres villes ou d'autres régions. C'est par la distribution, le commerce, qu'il faut peser sur le marché ; près de chacun des marchés il faut construire un magasin coopératif. Et si la saucisse s'y vend huit roubles, ce ne sera pas grave. Je possède une liste de gens qui peuvent même payer un prix encore plus élevé. Mais au moins ils achèteront des saucisses qui auront un goût de viande. »

Problème auquel le camarade responsable évite de faire allusion : on trouve justement sur ces fameux marchés tout ce qui manque dans les magasins qui existent déjà. Car on connaît des responsables de magasins de primeurs qui, pour faire du chiffre, s'en

À PARTI UNIQUE, VITRINE UNIQUE...

la boite de conserve est l'unique élément imp

pas facile d'être étalagiste dans ce pays !

ПРОДУКТЫ
КАРАШФ!

TOUJOURS ET PARTOUT, UN CABAS !

vont vendre leur meilleure marchandise au marché, là où les prix ne sont pas bloqués.

Gorbatchev a accentué le désordre en légalisant définitivement le commerce privé. Un drôle de coco. A croire que dans le pays qui affiche toujours sur ses centrales : « Le communisme c'est l'électricité plus les soviets » on commence à faire des économies sur les soviets faute de pouvoir en faire sur l'électricité.

Épicerie fine pour devises fortes

Tous les détenteurs de devises fortes ont accès à une épicerie spéciale installée à l'hôtel International. Là, chacun peut retrouver un air du pays au hasard des arrivages dont la logique s'avère comparable à celle des épiceries soviétiques, c'est-à-dire parfaitement erratique. Aller faire ses courses revient à jouer au loto avec son estomac : un jour le pinard algérien, les deux mois suivants l'italien, ensuite le camembert (danois) pendant huit jours, puis le brie (français) ou le yaourt (suédois) l'espace d'une matinée. Ils peuvent être submergés par un cognac moins cher qu'à Paris alors que les gâteaux apéritifs ou les olives atteignent des sommes fascinantes. Le mécanisme de fixation des prix oscille entre le tirage au sort dans une chapka, le racket et la pression politique.

Dans ce brouillard alimentaire une petite certitude : avec six mois ou un an de décalage, l'arrivée de l'épicerie occidentale peut dépendre de la vente du gaz sibérien ou d'un marché de tracteurs passé en Suède. Il paraît que cela s'appelle la compensation. Ceci compense-t-il cela : quand Doumeng fourgue trois mille tonnes de poulets aux hormones aux Soviétiques parce que le Koweit n'en a pas voulu, le beaujolais (enfin... beaujolais...) a de bonnes chances d'apparaître quelques mois plus tard dans les rayons de l'épicerie internationale de Moscou.

Le rendez-vous des Européens qui se téléphonent les nouvelles fraîches, l'arrivage du fromage ou de l'huile d'olive dont ils rêvaient depuis des mois. Une épicerie vraiment très chic. Le dernier salon où l'on cause, salle de résonance des potins d'un Tout-Moscou où les Français se distinguent en parlant bouffe un peu plus que les autres. Une véritable fascination, un fantasme et une quête permanente ; bref un parfait sujet de conversation pour tous les dîners. Une fois terminé le premier chapitre obligatoire sur « ces pauvres Soviétiques » et leur fâcheuse manie de ne vraiment rien faire comme en Occident.

Les Soviétiques qui importent la manne gastronomique pour étrangers ne font pas toujours n'importe quoi, surtout quand ils sont à la recherche du profit maximal aux dépens du gogo (forcé) occidental. En 1985, ils ont ainsi importé à vil prix les vins autrichiens soupçonnés d'être chaptalisés à l'antigel et dont personne ne voulait plus. Importation quasi humoristique si l'humour faisait partie du Plan. Toutes les marques dopées signalées par la presse trônaient avec innocence dans les gondoles de l'épicerie internationale pour vingt-cinq francs la bouteille. Une misère par rapport au prix du moindre chianti-vinaigre ou des bordeaux amoureusement élevés dans l'Aude. Les Européens avertis évitaient les bouteilles tentatrices, ce qui permettait aux Japonais et autres amateurs non éclairés d'emplir de grands caddies qui ont dû les aider à passer l'hiver au chaud.

Tout ça avec la Carte Bleue ou la carte American Express, car, même dans le plus fabuleux des désordres, les Soviétiques ont le sens du commerce : lequel les incite à repêcher toutes les devises qui flottent à leur portée sans se préoccuper d'idéologie.

Privilèges...

Dans le cadre des séances d'autocritique qui se succèdent depuis l'arrivée de Gorbatchev au pouvoir, voici encore un extrait des déclarations du camarade Eltsine, responsable du parti communiste de Moscou, devant les cadres politiques de la capitale. Ce qu'il a dit en avril 1986 est d'ailleurs connu de tout le monde, y compris du plus obscur citoyen moscovite dont le rêve n'est pas seulement de faire cesser les abus mais aussi d'en profiter un peu plus.

Comme nous l'expliquait un jeune scientifique moscovite : « Nous ne nous faisons pas d'illusions sur les campagnes de moralité qui sont menées actuellement. Car, après tout, que certains aient un peu plus que d'autres n'est pas véritablement immoral. D'autant plus que l'on veut introduire un lien entre la qualité ou les résultats du travail et le montant des salaires. Il faut simplement que nous cessions de nous raconter des histoires et de tenir des discours qui n'ont rien à voir avec la réalité que nous vivons. Vous aussi, vous avez vos privilégiés... »

Mais pour le camarade Eltsine, déjà nommé, il existe quand même quelques problèmes dont le rappel est au moins un appel à un peu plus de discrétion et de modération...

« Il nous faudra mettre à l'écart une classe d'opportunistes et lutter contre les abus. Trop d'épouses de fonctionnaires circulent encore à bord de Volga noires. C'est bien connu : ces voitures emmènent les enfants à l'école, ensuite elles conduisent monsieur au travail et elles reviennent à la maison pour chercher madame. Il faut en finir avec ces pratiques. »

La vie devient dure, et si adhérer au Parti ne rapporte plus que des satisfactions morales, le nombre des militants va passer au rouge.

BLACK IS BEAUTIFUL

FANAS-MILIS

L'armée est-elle au pouvoir ?
En tous cas, elle est comme un poisson dans l'eau...

L'ARMÉE EST-ELLE DE GAUCHE ?

Rénovateurs

Rien à voir avec Juquin et tous les autres : les snobs de Moscou n'avaient même pas attendu Gorbatchev pour organiser avec succès la rénovation... des vieux appartements du centre de Moscou. Les fameux appartements communautaires qui ont autant fait pour l'image de l'URSS que les plus belles queues.

La plupart de ces appartements, notamment autour de la rue Gorki, ne sont plus que des communautaires réduits aux acquis. Une grande partie d'entre eux sont rénovés et il n'est pas question de les liquider car ils ont retrouvé leur ancienne beauté. Le Moscovite branché dédaigne désormais les immeubles récents et banlieusards : ils ne faisaient un peu chic que sous ce parvenu de Khrouchtchev qui dort maintenant de son dernier sommeil le long du mur d'un couvent. Le Moscovite branché, donc, imagine des bassesses et serait même prêt à prendre – c'est dire – une carte du Parti pour rester, venir ou revenir dans le centre ville, pour dormir dans les appart' des siècles précédents. Prêt à tout pour restaurer une moulure dorée et faire réapparaître une poutre noircie. Même les immeubles construits au rythme du style stalinien flamboyant de l'après-guerre commencent à faire flipper l'intelligentsia des arts et de l'argent.

Décidément décadents ils sont prêts à se pâmer

MOSCOU
La maison du fada !
Immeuble du CENTROSOYOUZ (siège central du Mouvement coopératif)
dessiné par Le Corbusier en 1929

DES SIMPLES H.L.M ...
...AVEC UN PEU DE PALLADIO...
... ET VOILA LE STYLE STALINIEN FLAMBOYANT !
PALLADIO

devant toutes les reliques d'architecture pourvu qu'elles datent d'avant l'époque des HLM qui sont rien moins que flamboyantes et prouvent que l'internationale des mauvais architectes a encore plus d'avenir que de passé. Ils ont réussi à construire plus laid que chez nous, ce qui en dit long sur leur imagination.

Question beau logis et petit loft super, il ne peut quand même pas être question de ne pas sauver les apparences qui sont élevées ici à la hauteur d'un dogme. Donc, pour ne pas dépasser la surface qui est accordée à chacun en fonction du nombre de ses enfants, des « communautés » pour communautaires s'organisent entre copains. Pour occuper bourgeoisement et tranquillement les huit-dix pièces-cuisine(s) en question. Terminée la cohabitation... entre le fonctionnaire arrivé et l'ouvrier terrassier, entre la vieille grand-mère et le prof de fac, entre l'intello et le prolo. Peu à peu, Lénine voile-toi la face mais regarde quand même entre tes doigts, les clivages sociaux se sont reconstitués en appartements de première *classe*. La chose a pris du temps, mais elle est quasiment accomplie : une adresse sur la rue Gorki ou à portée de troïka de la rue Arbat, la première rue piétonne de Moscou, vous classe au moins autant que la carte du Parti ou une chaîne Akaï.

Pas de petites annonces, pas d'attributions vraiment organisées par la ville, mais une vaste bourse d'échanges informelle qui fonctionne en permanence : par relations, on s'installe dans ces logements qui ne coûtent pas plus cher que les autres : entre dix et vingt roubles par mois avec le téléphone, l'électricité et le chauffage. Pour que le système sauvegarde une part de sa dignité, les inégalités ne peuvent pas être toutes directement liées au pouvoir de l'argent. La réalité, la réalité soviétique... est donc comme souvent beaucoup plus complexe que ne l'imaginent les sceptiques. A moins que, évaluées d'un autre point de vue, les choses ne soient en vérité aussi simples qu'horribles : depuis une quinzaine d'années, la société soviétique tend à fonctionner comme toute autre société humaine, avec des rapports de force, de classe et de mode. Dur. Rassurant.

Ainsi se constituent dans le centre de Moscou et dans les centres de beaucoup d'autres villes – Leningrad, Riga, Tallin, par exemple – des quartiers pas mal chics qui ne sont pas seulement occupés par la fameuse nomenklatura. Il y a longtemps que la carte du Parti ne suffit plus pour être classé *in* à Moscou.

Chez les « nouveaux riches », comme on les nomme aussi, le confort moderne fait encore recette. Même si certains aspirent désormais à se rapprocher du Moscou des câblés : ceux qui se réunissent le soir pour visionner des cassettes vidéo au goût étrange venu d'ailleurs. Donc de l'enfer occidental. Y compris pour le porno, un nouveau *must* qui frappe autant chez les Géorgiens couverts de bagues rutilantes que chez les intellectuels désargentés.

En 1984, la police soviétique a d'ailleurs une première fois semé la panique dans ce monde des amateurs d'acrobaties mal connues dans la région. Ils n'ont pas frappé chez les fans mais surtout chez ceux qui en tiraient une petite fortune en vendant les cassettes recopiées en douce dans deux studios de télé... dont les clés étaient « perdues » depuis deux ans.

Et si les Rouges revenaient... ?

GARE DE LENINGRAD (à MOSCOU) –
LÉNINE INDIQUE TOUJOURS
LA BONNE DIRECTION.

L'histoire que l'on raconte désormais ouvertement à Moscou, y compris dans des dîners officiels...

Il y a des années, Léonid Brejnev se décida à faire venir sa vieille mère à Moscou, pour lui montrer ce que son fils était vraiment devenu.

Il la loge au Kremlin, dans un appartement splendide. Mais la vieille maman, qui a longtemps refusé de venir dans la capitale, fait la tête. Un week-end passé dans une datcha des environs de Moscou ne la déride pas plus...

Promenade avenue Kalinine, dîner dans le restaurant tournant de la tour d'Ostankino, soirée au restaurant Arbat, rien n'y fait, la vieille maman fait toujours la gueule. Et une visite aux trésors du Kremlin ne la tire pas de son humeur maussade.

De plus en plus étonné et pour tout dire furieux de voir sa mère bouder sa réussite, Léonid commande un hélicoptère et s'envole avec elle au-dessus de la ville. Ils survolent Moscou et Brejnev se fâche presque : « Mais maman, je ne comprends pas ton attitude, je ne comprends pas pourquoi tu n'es pas heureuse et fière du succès de ton fils ! Regarde cette ville, c'est à moi, c'est là-dessus que je règne, tout est en mon pouvoir, je suis le responsable suprême... tout m'appartient... »

Malgré sa trouille de l'hélicoptère, la vieille dame sourit enfin un peu :

« D'accord, Léonid, c'est magnifique... mais tu te rends compte... si les Rouges revenaient... ! »

Nuance

Contrairement à ce que l'on imagine, bien peu de Soviétiques, à commencer par les Russes, ont envie de quitter leur pays auquel ils sont viscéralement attachés. Simplement, ils aimeraient bien que leur pays les quitte un peu de temps en temps. Cet attachement explique le... « malentendu » entre les juifs refuzniks et une partie de la population, qu'elle soit ou non au Parti.

A qui s'étonnerait d'une telle disposition d'esprit on rappellera qu'il faut plus d'une semaine pour parcourir le pays d'un bout à l'autre en train et qu'il faut une bonne douzaine d'heures pour faire le même parcours en avion.

La même *Pravda* est un journal du matin à Moscou et un journal du soir à Vladivostok. A moins que ce ne soit le contraire.

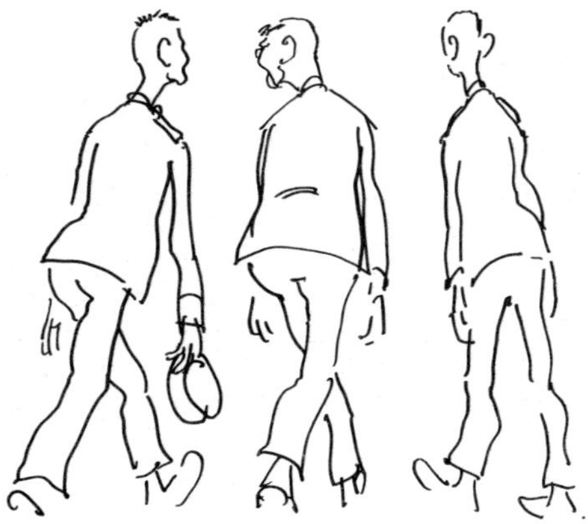

Les envahisseurs

Métro de Moscou

Les Moscovites, dont beaucoup sont arrivés de la campagne ou de la province il y a pourtant bien peu, cachent mal leur exaspération contre les deux millions de visiteurs qui s'abattent presque chaque jour comme des sauterelles sur la capitale soviétique. En train, en bus, en voiture et même en avion, ils viennent piller les boutiques de Moscou, allongent les queues, raflent les denrées non périssables, écument tous les magasins, prévenus de l'arrivée des marchandises par des réseaux d'information mystérieux mais efficaces. Que soit livré un lot de cafetières du côté de Yugo-Zapad, dans le sud-ouest de Moscou, et voilà que les hordes accourues de dizaines, de centaines de kilomètres viennent affirmer leur droit à l'aubaine.

Il y a ceux qui viennent tout simplement s'approvisionner et d'autres qui font, tout bêtement, des affaires au retour dans leurs provinces. A ce sport, les meilleurs sont les Géorgiens. D'ailleurs, ils ne fréquentent que les boutiques de qualité : pas le genre à faire la queue pour des cafetières ou des casseroles. Ils lorgnent plutôt vers la hi-fi, les habits de luxe, les cosmétiques, les chaussures de qualité et les bijoux. Des connaisseurs, des spécialistes qui sont tout tranquillement, carnet de commandes dans la poche, en train de réinventer le commerce de détail. Pour les tenir en échec, certains magasins de la capitale refusent désormais de vendre plus de deux ou trois articles à la même personne. Mais le « nouveau » commerçant géorgien est, par définition, une personne de haute patience et de grandes ressources. Dans tous les sens du mot...

Un touriste français est caché dans cette foule.
Saurez-vous le découvrir ?

Natacha est mer-veil-leu-se

De Pontoise, de Saint-Denis ou de Dallas ils arrivent à Moscou par milliers : avec l'impression d'accomplir un pieux pèlerinage ou avec le grand frisson qu'il faudra mettre en scène au retour. Quand ils raconteront que, oui, ils ont osé aller là-bas, se jeter entre les pattes de l'ours et qu'ils en sont revenus sains et saufs. Après avoir, évidemment, couru des risques inouïs : par exemple en prenant le métro tout seul, en achetant un pot de caviar derrière une porte ou en se procurant quelques roubles de marché noir dans une cour sombre... Il y en a même qui se retrouvent avec des billets de loterie périmés en guise de roubles ! Tous des héros et tous fiers d'avoir aperçu au moins une de ces queues qui font autant pour le tourisme soviétique que le dôme de Novodiévichi, le cirque de Moscou ou les musées du Kremlin. Cette queue montrée à voix victorieuse depuis les autocars, c'est le *must* des touristes qui ne font jamais la différence entre un marchand de chaussures (renommé) de l'avenue de la Paix et un cinéma de quartier avant la prochaine séance.

Les Tintins-touristes au pays des Soviets mériteraient un livre à eux tout seuls. Ils n'auront droit qu'à quelques dessins de Cabu qui a découvert rapidement que les guides de l'Intourist ne s'appelaient pas toutes Natacha, qu'elles étaient parfois très laides et que le café Pouchkine est parfaitement inconnu à Moscou. D'où la solide allergie qu'Olga, Nina, Anna et les autres développent souvent à l'égard de la chanson de Gilbert Bécaud que leurs ouailles françaises leur serinent maintenant depuis vingt ans au moins.

Bouées de sauvetage insubmersibles dans un océan de russe aussi incompréhensible qu'exotique, les Natachas d'Intourist capitalisent en quelques heures la reconnaissance émue et éternelle des petits troupeaux qui boivent leurs paroles ; en oubliant toutes les questions indiscrètes qu'ils s'étaient pourtant promis de poser pour les asticoter sans indulgence.

Qu'ils aient eu la certitude d'arriver en enfer ou l'impression d'entrer au paradis, ces touristes se glissent avec délices dans leurs pantoufles vacancières, réclamant leurs plats nationaux, critiquant ou louant le champagne géorgien et massacrant au moins une fois *Kalinka* en le prenant pour un hymne national. Tout cela sous la férule souriante des guides qui avouent ne guère remarquer les différences entre les sévères comités d'entreprise voyageant avec l'association France-URSS et les somnolents clubs du Troisième Age débarquant du Connecticut. A la fin du voyage, ils seront tous officiellement heu-reux, attendant l'avion pour ressasser les doutes, les certitudes ou les platitudes puisés dans ce qu'ils avaient lu au départ de leurs pays. Certains, dans l'avion, découvrent qu'ils auraient pu se promener tout seuls dans la ville, qu'ils avaient le droit d'aller dans les mêmes boutiques que les Soviétiques. « Heureusement que la guide était charmante et... si peu soviétique, n'est-ce pas ? »

Au même moment, rentrant chez elle dans sa lointaine banlieue, Nina range dans une armoire le 47ᵉ foulard offert par des touristes reconnaissants et émus d'avoir trouvé un objet signé Cardin dans les boutiques qui leur sont réservées. Signe bien sûr « que ces gens ne sont pas si malheureux que cela ».

Après le frisson, on se rassure, puis une fois rentré on raconte n'importe quoi sur les Rouges qui n'ont pas de frigo.

JEUNE STALINIEN FRANÇAIS EN PÉLERINAGE À MOSCOU

L'ESPOIR FAIT VIVRE

Tout est rafistolé... usé, râpé...

...même les centrales nucléaires...

...tout se déglingue...

alors on se dit pourquoi pas l'armée soviétique...

Vendeuses de Berioska
(magasin pour touristes)
pendant la pause

A la garde !

Quelle est l'étrange fascination qui pousse les touristes à venir admirer la relève de la garde devant le Kremlin ? Comme si derrière les murs il y avait un roi ou une reine. Hiver comme été, les petits soldats de plomb lèvent la jambe à la prussienne pour venir se relever devant le mausolée de Lénine. Le spectacle est réglé comme du papier à musique et de mémoire de policiers en civil qui grouillent sur la place Rouge on n'a jamais vu la relève arriver avec une seconde de retard devant la dernière demeure du camarade Ilitch, au moment où sonne l'horloge du Kremlin, au moins aussi lugubre et solennelle que Big Ben.

Pour la visite du mausolée, dont les mauvaises langues prétendent qu'il est occupé par une copie, on est prié de ne pas fumer, d'ôter les mains de ses poches et d'avoir une attitude correcte.

Comme à l'église.

Le téléphone russe est supérieur au téléphone arabe

Malgré la révolution culturelle qu'elle vit depuis Tchernobyl, la presse soviétique ne raconte pas encore tout. Qu'il s'agisse de la politique, bien sûr, mais aussi des faits divers. Pourtant, les habitants des grandes villes savent (presque) tout. Grâce au téléphone qui grésille obstinément mais qui est installé partout pour pas cher. Ainsi, les rumeurs et les nouvelles courent allégrement la ville avant que les organismes officiels aient eu le temps de décider si oui ou non elles devront avoir les honneurs de la presse écrite ou de la télévision. Cette dernière redoutait tellement l'imprévu qu'elle diffusait, jusqu'à une époque récente, les moindres directs... avec un léger différé de quelques minutes. Histoire d'avoir le temps de faire disparaître un incident inattendu.

Comme le besoin crée l'organe, la société soviétique a mis au point depuis une quinzaine d'années un système de communication très efficace qui échappe à tout contrôle. Il fonctionne aussi bien pour l'arrivage des chaussures italiennes sur l'avenue de la Paix que pour les mésaventures amoureuses des personnalités du Parti, le prochain concert de rock pourtant annoncé nulle part ou encore les malheurs de la danseuse vedette du Bolchoï. Qui couche avec qui, ce n'est pas dans *Ici-Moscou* mais dans le circuit téléphonique.

Léningrad hors circuit touristique

La guerre en Afghanistan, que la télévision ne montre un peu que depuis les premiers mois de 1986, elle existe par le téléphone, se relate de famille à famille, et beaucoup de gens ont une idée très précise de ce qui s'y passe et des déboires de l'armée soviétique. Pour Tchernobyl, au bout du troisième jour la plupart des informations à peu près exactes avaient fait le tour de Moscou et de Leningrad. Et avant que les autorités aient avoué l'étendue du désastre, les plus malins se procuraient les dosimètres inutiles que d'autres Moscovites encore plus malins et encore mieux informés mettaient sur le marché (noir).

Cette communication sauvage ne déforme pas plus qu'une presse ordinaire et permet aux Soviétiques de lire leurs journaux avec un relatif détachement. Mais cela ne les incite pas à les ignorer. Bien que la lecture de la *Pravda* et des *Izvestias,* pour ne citer que les plus connus, ne soit pas obligatoire, on voit beaucoup de gens les lire avec application dans les transports en commun. Et on s'aperçoit qu'ils continuent chez eux. Les mauvaises langues, ceux qui affirment que cette presse conformiste en diable leur tombe des mains, prétendent qu'une partie des lecteurs apprennent des passages entiers de leurs gazettes pour pouvoir briller dans les réunions de cellule de leurs entreprises. Mais cela n'explique pas tout : certains journaux comme la *Litteraturnaya Gazeta* ou celui qui donne les programmes de la télé sont épuisés deux heures après leur sortie.

A tel point que l'on voit fréquemment des gens stationner longuement dans la rue pour lire les journaux qui sont affichés sur des panneaux spéciaux. Probablement pour se donner aussi le temps de pratiquer le sport favori des Soviétiques : la lecture entre les lignes.

1905

L'histoire se racontait sous Brejnev, au temps où, déjà, l'URSS cherchait à tirer un maximum de devises du tourisme.

Un jour, donc, les responsables de la ville de Leningrad se réunissent en séminaire pour étudier les mille et une façons d'attirer le touriste scandinave. Après avoir passé en revue le confort des hôtels, les musées et les restaurants, l'assemblée en vient aux distractions. « Le problème, dit un jeune cadre de la municipalité, c'est qu'il faudrait aussi des cabarets avec spectacles un peu déshabillés. »

On en discute et on convient d'envoyer, sur ce point délicat et crucial, une mission d'étude à l'étranger. Une année se passe et le rapport est prêt : tout y est, les envoyés spéciaux n'ont rien oublié, depuis la décoration des salles jusqu'aux costumes des dames et la musique...

Un comité est donc chargé d'aménager trois cabarets leningradois qui sont inaugurés discrètement un an plus tard. Et au bout de deux ans de fonctionnement, on fait le point sur les résultats. Désastreux !

Le responsable d'Intourist passe donc le dossier au crible : « Pour la salle, vous avez mis le paquet, soigné la décoration ? – Absolument, comme à Paris... – La musique ? – Que des disques occidentaux et un piano-bar. – Les boissons ? – Ce qu'il y a de meilleur dans le pays et des alcools de l'Ouest... – Et... les filles ? – Au-dessus de tout soupçon, camarade, toutes inscrites au Parti depuis la guerre ! »

Les Soviétiques ayant entrepris depuis 1986 d'adapter et de copier un maximum d'idées occidentales, il est permis de redouter le pire. Que ceux qui en doutent aillent déjeuner dans l'une des quatre Pizzeria municipales de Moscou. Seule la musique est restée italienne, et la Mairie de Moscou n'ose pas rendre public le rapport qui a été rédigé par un inspecteur sur ces établissements. C'est la presse soviétique qui raconte de telles horreurs...

cathédrale de SMOLNY transformée en musée de LÉNINGRAD
Lénine a pris la place de la croix de l'autel

Mariages... rouges et blancs

Il n'est pas interdit de convoler devant les nombreux popes de Moscou ou encore devant le prêtre de la seule église catholique qui fonctionne dans la capitale, mais ce n'est pas vraiment la mode.

Pourtant la mariée n'est jamais en rouge. Le blanc mousseux et vaporeux est de rigueur si on veut un mariage un peu chic. Comme ils divorcent très facilement, les Russes adorent se marier et ne font jamais les choses à moitié, quitte à dévaster leur tirelire. Les fêtes peuvent durer deux ou trois jours et quand ils ont le sens des convenances, le cérémonial commence immanquablement sous les murs du Kremlin. On a les dieux qu'on peut et c'est à Lénine ou au soldat inconnu que les mariés, robe blanche fleurie et costard noir avec œillet, viennent rendre une petite visite de politesse avant de passer à la mairie.

Ils débarquent sur la place Rouge (ainsi nommée avant la Révolution...) en limousine noire souvent surmontée de deux immenses anneaux dorés. Entourés de la famille et des amis, ils s'en vont rendre le pieux hommage à l'un ou à l'autre des déjà nommés, jouissant du privilège énorme de ne pas faire la queue qui s'étire, là comme ailleurs. Pourtant, dans ce secteur, il n'y a pas vraiment pénurie... Quand on vous dit que la queue est une institution incontournable... Sauf pour les mariés que même le socialisme ne saurait faire attendre.

Ensuite, autre pèlerinage, ils s'en vont, toujours en brillant équipage, jusqu'au mont Lénine où est construite l'université de Moscou, témoignage architectural inoubliable de ce qu'a pu être le style « stalinien flamboyant ».

La tradition veut que, depuis la terrasse, les mariés contemplent avec émotion Moscou et la Moskwa qui s'étendent à leurs pieds. Photos souvenirs au milieu des amis les plus proches et tout le monde s'en va enfin faire ripaille et découvrir les cadeaux.

Et surtout s'installer enfin – seuls – dans l'appartement auquel l'événement donne droit.

Moscou manque de petits hôtels discrets et pas chers...

QUAND ILS DIVORCERONT ILS FERONT MOINS DE BRUIT !

LE JOUR DE SON MARIAGE, ON VA ADMIRER LE PANORAMA DE MOSCOU DEPUIS LA TERRASSE DES MONTS LÉNINE...

LES GARÇONS ET LES DEMOISELLES D'HONNEUR PROFITENT D'UN INSTANT D'INTIMITÉ DANS LA LIMOUSINE DE LOCATION...

Le bouquet...

Les Soviétiques raffolent des fleurs et en achètent toute l'année, quitte à se ruiner pour un bouquet quand il fait –35° à Moscou. Le commerce floral, quand il ne se fait pas en boutique, est donc très lucratif, et ces fleurs viennent parfois de très loin.

Il y a quelques années, lors de la fête des Femmes qui est célébrée le 8 mars, une escouade de Géorgiens, toujours à l'affût des bonnes idées qui font les bonnes affaires, s'est retrouvée avec un stock de fleurs plus très fraîches à écouler. Pour tout dire, elles piquaient sérieusement du nez et même le militaire le plus borné – ils s'en offrent entre eux – s'en serait aperçu.

L'idée géniale : ce fut de passer toutes les fleurs à la laque, une par une. Le 8 mars, elles avaient donc fière allure sur les étals... jusqu'au moment où les acheteurs les plongèrent dans des vases. Ce fut l'effondrement. Et la fureur contre les vendeurs, inretrouvables bien sûr.

Conséquence pour les femmes, doublement touchées par cette affaire : une pénurie de laque à cheveux pendant des mois, le Plan n'ayant pas pu prévoir une telle aventure.

élégantes au Goum

HISTOIRE STALINIENNE (VRAIE)

LA STATION DE MÉTRO "KROPOTINSKAÏA" S'EST APPELÉE "PALAIS DES SOVIETS" JUSQU'À LA DÉSTALINISATION. UN PROJET DU GRAND MÉGALO DEVAIT RIVER LE CLOU DES AMÉRICAINS : LE PLUS HAUT BATIMENT DU MONDE : 500 MÈTRES SURMONTÉS D'UNE STATUE DE LÉNINE DE 50 MÈTRES ! LE MONASTÈRE DU "CHRIST SAUVEUR" FUT DÉTRUIT, LE PROJET TRAINA, LA GUERRE ARRIVA. FINALEMENT LE TROU DES FONDATIONS FUT REMPLI D'EAU, ET LE GIGANTESQUE BÉNITIER DEVINT UNE PISCINE GÉANTE...

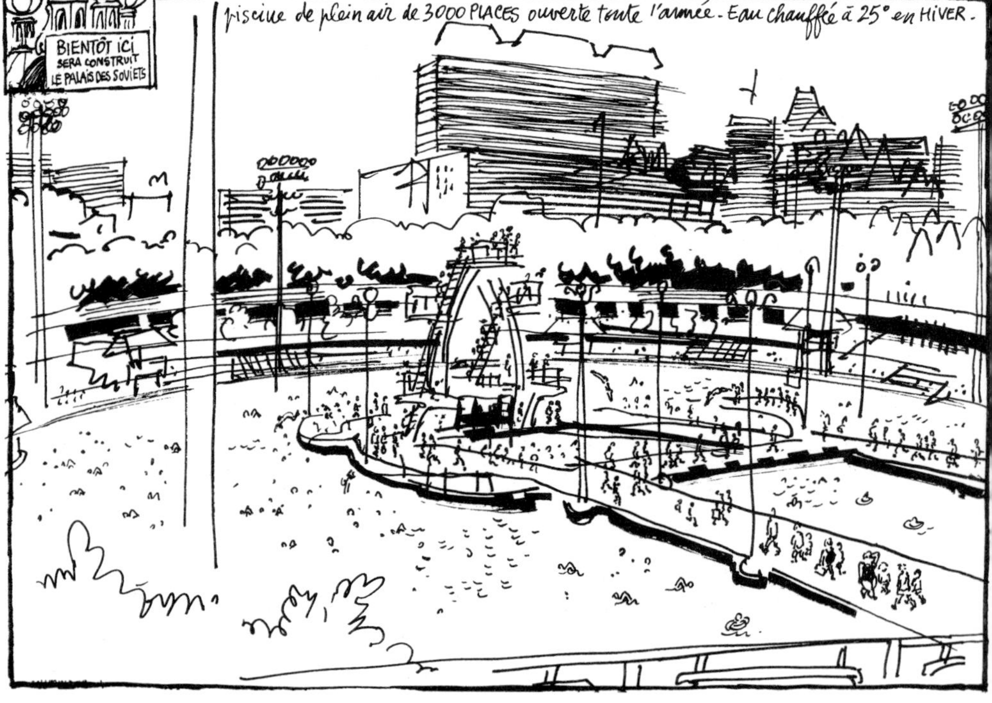

Virus rétro

Dans ses quartiers ouest, à l'intérieur de l'une des boucles de la Moskwa, la capitale soviétique cache un de ses derniers villages : isbas, jardins et grands arbres. Une injure permanente, comme partout, aux urbanistes qui rêvent de grands immeubles et d'avenues bien droites. Et quelle place perdue !

Les bâtisseurs de Moscou avaient donc décidé de raser peu à peu toutes ces maisons de bois pour aménager un grand parc ouvert à tous, avec quelques bâtiments officiels. Logique, et tout ce qu'il y a de plus socialiste. Et ils expliquaient que les habitants rêvaient tous des HLM et des banlieues spacieuses. Logique également, même si, en fait, comme ailleurs, on ne leur avait guère demandé leur avis.

Hélas, le virus rétro a frappé de plein fouet le « Village des bouleaux d'argent » : les habitants, et d'autres, ont fait savoir qu'entre béton et bois ils faisaient un choix qui n'est ni moderne ni révolutionnaire. Cela comble d'aise les vieux Moscovites et afflige les technocrates qui ne parviennent même plus à persuader le bon peuple que les bénéficiaires de cette oasis sont des profiteurs et des privilégiés. Rétablissement acrobatique quand on a expliqué qu'il s'agissait de pauvres gens rêvant de confort. La mode ne fait pas bon ménage avec l'idéologie ; et les urbanistes sont franchement agacés par ces citoyens qui se mêlent de dire ce qui est bon ou mauvais pour eux. Ils ont encore en travers de leurs règles à calcul une pièce de théâtre qui a fait un malheur à Moscou : elle raconte l'aventure des citoyens d'une petite ville qui s'enchaînent à des arbres pour les sauver du maire bâtisseur obstiné qui trouve que les vieux arbres et les maisons anciennes font désordre. Un élu tout à fait jumelable avec celui d'une ville moyenne française...

Depuis 1986, dès que les démolisseurs de la Ville de Moscou s'approchent d'une maison ou d'un immeuble anciens, les « protectionnistes » sortent du pavé où ils ont longtemps rongé leur frein pour s'opposer physiquement aux buldozers ! Comme de vulgaires écolos parisiens, les responsables de la ville ont trouvé une seule façon de se venger : ils les donnent aux contestataires en leur demandant de les réparer.

GARE MARITIME À 25 KMS DE MOSCOU

Banlieues

Toujours à la pointe de la recherche, quand il s'agit de copier l'Occident, les Soviétiques ont une réussite indéniable à leur actif : bien qu'ils aient commencé plus tard, ils ont réussi à construire des banlieues aussi laides que les nôtres et ils n'ont pas encore tout à fait fini.

Et comme en fait il n'y a pas de banlieue à Moscou – dont la surface est bien plus grande que celle de Paris avec un périphérique de cent neuf kilomètres qui marque la coupure avec la campagne – les urbanistes de la capitale ont édifié des immeubles de « banlieue » en pleine ville.

Depuis trois ou quatre ans, tout en finissant les grandes horreurs commencées il y a quelques années (dans l'avenue Viernadskogo, près de l'hôtel Drujba, un organisme non identifié a mis... quinze ans à terminer un immeuble !), les urbanistes ont lancé des constructions en briquettes ocre qui arrivent trop tard pour sauver le paysage urbain mais qui reposent les yeux.

Mais, en dehors du vieux Moscou qui a échappé à la pioche des démolisseurs parce qu'ils n'allaient pas assez vite eux aussi, il faut bien dire que ce qu'il y a de plus réussi ou de plus étonnant, ce sont les immeubles ou les « folies » de l'époque stalinienne.

Joseph Vissarionovitch Djougachvili dit Staline avait vraiment les talents et la trempe d'un tsar...

ON SE CROIRAIT À BREST !

ON SE CROIRAIT AU HAVRE !

Enfin, un pays qui ne sent pas la merguez !
C8
Le désinfectant, oui, même dans les taxis
(LE MÊME PARTOUT)
mais pas la merg
Des pommiers le long de l'autoroute ! c'est rare...
Et un pays dans lequel on ne te donne
"LE FIGARO" dans les hôtels ... ça repose !
С Л А В А
«Il est normal que ceux qui donnent beaucoup à la collectivité reçoivent un peu plus que les autres» (GUIDE)
Tu peux critiquer dans ton petit cercle...

urtant, ils ont la trouille d'être avalés par leurs immigrés : « les 50 millions d'habitants de leurs républiques musulmanes » (GUIDE)

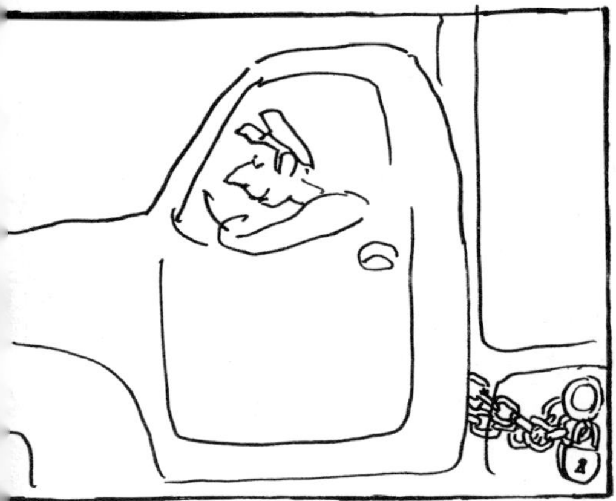

Ah... réservoir cadenassé

Ah... la délinquance en col KAKI... toujours ces voitures noires officielles...

. mais pas au-dela - le corporatisme, oui... la chienlit, non !

Mais la femme est l'avenir de l'Homme... TOUJOURS

Staline : l'éternel retour

Cabu n'était pas à Moscou depuis une heure et n'avait pas encore atteint son hôtel qu'il a cru avoir une hallucination : sur sa droite, à trente mètres de l'autocar, jurait-il en s'agitant, il apercevait Staline. Le Petit Père des Peuples lui-même, en rouge et noir sur un grand panneau, la moustache conquérante. Vérification faite, c'était bien lui. Nous étions en mai...

En URSS, mai n'est pas le mois de Marie mais celui de l'armée qui a vaincu l'Allemagne en 1945. Donc, chaque fois que cette victoire est célébrée et encore plus en 1985, quarante ans après, on peut ressortir le portrait du moustachu sans chahuter la ligne idéologique : pour rappeler qu'il a joué un grand rôle dans cette victoire. Ce jour-là, il présidait à l'accueil des anciens combattants sur le fronton de la gare de Biélorussie.

Ensuite, après les cérémonies, il retourne dans les caves. Son tombeau, qui se trouve toujours sous les murs du Kremlin, a beaucoup voyagé depuis les années Khrouchtchev, son buste et une plaque jouant à cache-cache au gré des variations du climat idéologique.

Cet exil ne fait pas l'unanimité de la population : comprenne qui pourra, elle éprouve parfois une certaine nostalgie en pensant à Staline. Il paraît que de son temps il y avait moins de privilégiés.

PAYÉS PAR MOSCOU !

Visite au conseil municipal de Moscou :

quelques conseillers chargés de l'environnement... (limogés depuis) certains étaient là depuis Staline...

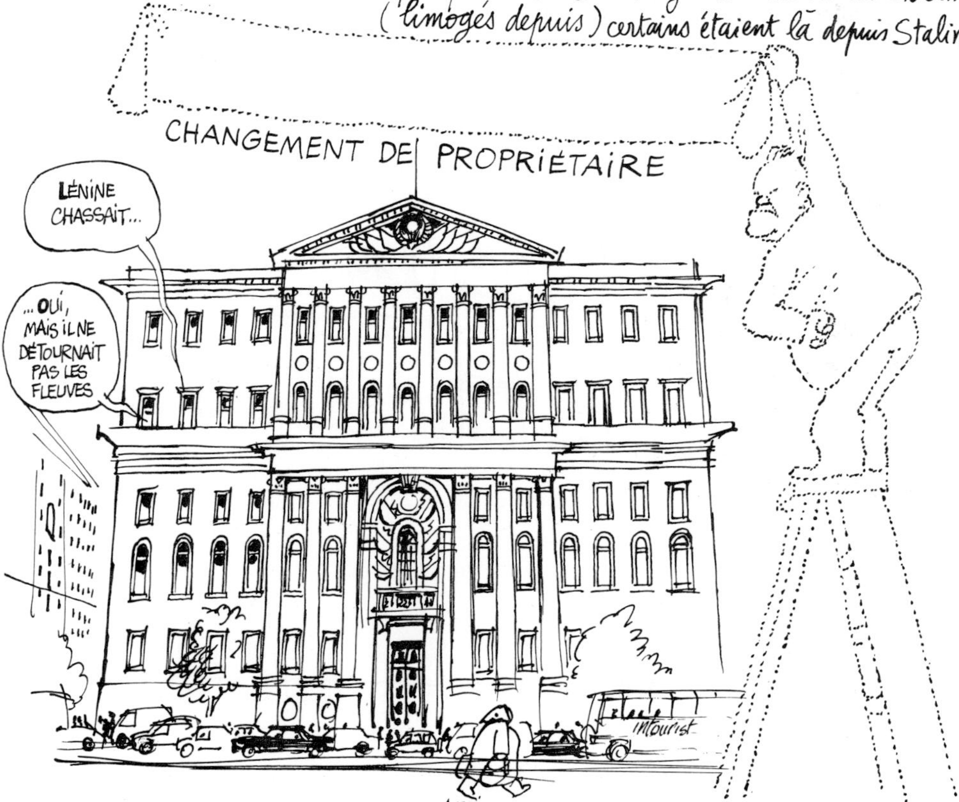

Le conseiller municipal-chasseur était aussi partisan du détournement des grands fleuves sibériens. Gorbatchev a viré la municipalité de Moscou et mis le projet au placard.

L'AVENIR EST BOUCHÉ !

Publicitaires au chômage

Depuis la disparition de Tchernienko, éphémère secrétaire général, le chômage s'aggrave chez les peintres réalistes, les brosseurs artistiques qui peignaient ou retouchaient les affiches géantes de leurs chefs bien-aimés. Avec amour, ils donnaient à Brejnev l'air d'un aimable quinquagénaire sauvé des ravages de l'âge par la foi socialiste. Les Soviétiques ont perdu une occasion de rigoler, eux qui, de temps en temps, pouvaient comparer les photos et le modèle apparaissant à la télé. Pour Tchernienko – et Andropov, autre vieillard prématurément enlevé à notre affection (par le coup de feu d'un mari jaloux, se racontent entre eux les Soviétiques) –, il faut préciser que la brièveté du règne n'avait pas permis au Plan de mettre en route la confection des affiches ni la fabrication des bustes que l'on trouve habituellement dans toutes les bonnes boutiques... d'art populaire et non pas dans des magasins du Parti qui n'existent pas. Le PC n'a guère pignon sur rue et, signe des temps, les « Agitpunkt » sont en voie rapide de disparition.

Une fois prise la décision de populariser le nouveau héros, la machine administrative exige un certain temps pour mettre en route la fabrication des images pieuses. Avec l'aval, très important, des différentes commissions politico-artistiques qui choisissent les « artistes » et les meilleurs sculpteurs en ce qui concerne les bustes. Lesquels doivent allier la recherche de la ressemblance et une certaine sublimation de la force intérieure et du rayonnement de leur chef de Parti. Du grand art et aussi une commande très juteuse pour les heureux élus. Profits qui servent de dommages et intérêts aux ricanements des autres artistes. Sauf ceux qui font et refont des bustes et des portraits de Lénine depuis soixante-dix ans, la seule valeur sûre du pays en matière d'art officiel. Ils n'ont pas grand mérite car on s'exerce depuis l'enfance à dessiner le camarade Ilitch.

Sous Gorbatchev : rien. Pas une photo dans les rues, pas de portraits géants. Pas même un buste dans les boutiques. Comme tous ses prédécesseurs ont disparu des rayonnages, il faut en général se contenter des grands anciens. Les trois barbus de la légende se disputent donc les faveurs de la clientèle. Mais se disputent-ils vraiment ? Telle est la question qu'il est permis de poser sans faire injure au Soviétique moyen. Aucune queue, aucune pénurie à l'horizon de ces comptoirs. Une autre question sacrilège s'impose : comment les employés et la direction des magasins réussissent-ils à réaliser le Plan qui prévoit une progression régulière des ventes ? Laquelle est liée à l'augmentation de la population et à l'élévation du niveau de conscience politique des masses. Or le marché de la bimbeloterie politique stagne...

Pourtant, les magasins seraient placés dans une situation intéressante si, justement, en raison de l'élévation du niveau de la conscience politique, des citoyens zélés s'en venaient exiger qu'on reprenne illico leurs bustes de Brejnev. Mais en ces temps de changement et de montée des scepticismes, il est quand même délicat d'avouer publiquement que l'on a été un fan de Brejnev. La honte ! Cruel dilemme, n'est-ce pas ?

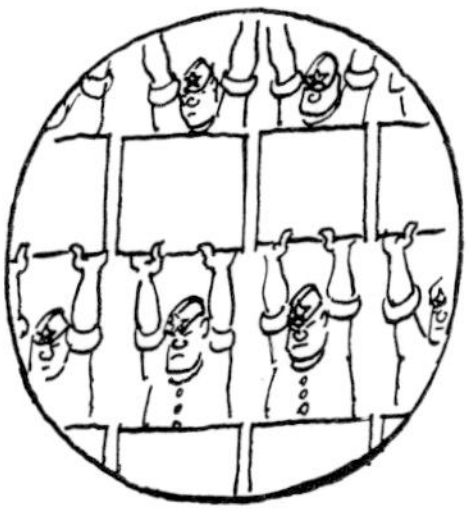

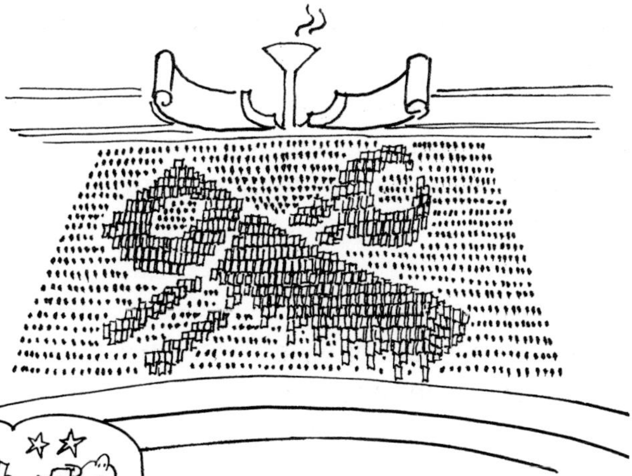

(*) TRADUCTION :
DE QUOI DE QUOI ?
UNE PAIRE DE TENAILLES
ET UNE SCIE
PAS DE FANTAISIE, HEIN !
DONNEZ ORDRE À VOS
HOMMES DE FAIRE TOUT
DE SUITE LA **FAUCILLE**
ET LE **MARTEAU** !!

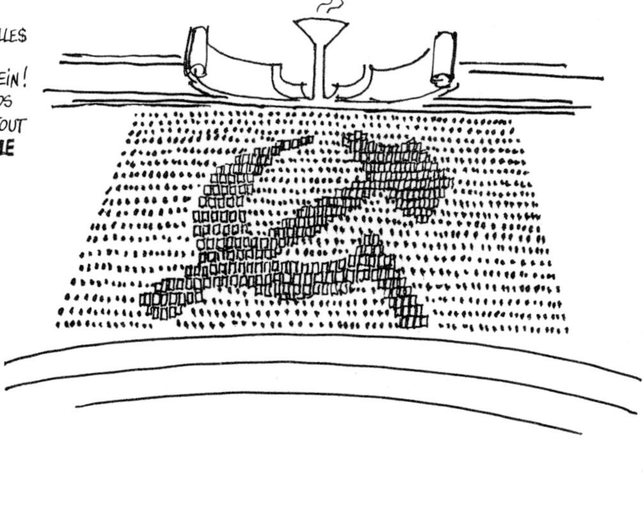

Quoi qu'il en soit, en dehors des trois barbus que l'on peint encore sur certains murs du centre ville, il n'y a donc plus grand-chose dans les rues. Sauf, de temps à autre, quelques exhortations à travailler plus ou mieux pour la plus grande gloire du pays ou du Parti. Elles ont pour seul résultat de faire effectivement travailler un peu ceux qui peignent ou dessinent ces slogans.

Les photos retouchées qui gardent une éternelle jeunesse, les photos qui paraissent échappées de romans-photos des années 50, on les trouve encore dans les couloirs des administrations ou des entreprises : la mode des meilleurs ouvriers et ouvrières n'est pas encore passée. Même si, outrage aux principes, on ne se bouscule guère pour figurer au tableau d'honneur. Dame, cela suppose des heures supplémentaires à l'œil, des travaux volontaires du week-end, l'assistance aux réunions de formation et de discussions politiques. Activités qui ne passionnent plus grand monde : le week-end devient plus sacré que la patrie et le Parti.

Dans les rues, ce sont peu à peu les affiches de cinéma, parfois peintes directement sur les murs d'immeuble, qui prennent le relais de l'affichage politique dont la disparition désespère les vieux communistes que cela berçait dans leurs illusions, comme les discours.

Gorbatchev, bravant des tempêtes et des perplexités insoupçonnées, a évité que son image n'envahisse les rues, mais il n'a pas vraiment rénové le style publicitaire de son Parti. C'est largement plus compliqué que d'envoyer des cosmonautes dans l'espace. Pourtant le problème est le même : lutter contre la pesanteur.

VISITE AU KROKODIL

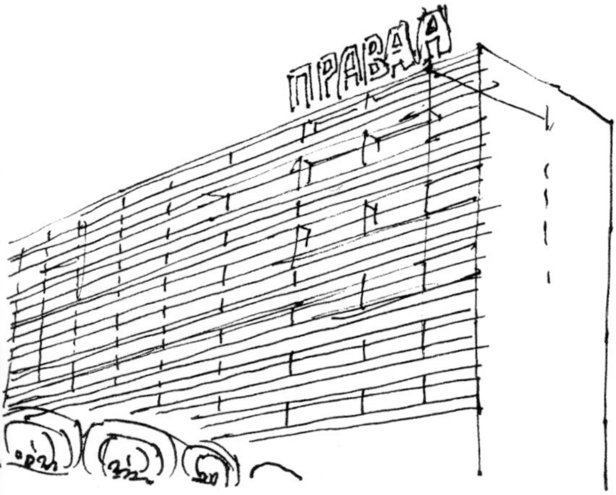

UESTION : OÙ SE TROUVENT LES BUREAUX DU "KROKODIL", LE GRAND JOURNAL SATIRIQUE DE L'UNION SOVIÉTIQUE ? (1 MILLION D'EX.)

ÉPONSE : AU SEIZIÈME ET DERNIER ÉTAGE DE L'IMMEUBLE DE LA "PRAVDA"

L'ANCIEN RÉDACTEUR EN CHEF ME MONTRE UNE PHOTO DE LUI EN MILITAIRE PENDANT LA DERNIÈRE GUERRE

PETITE RECEPTION DANS LA SALLE DE CONFÉRENCE (CAFÉ ET TARTINES DE CAVIAR)

SUR 56 JOURNALISTES ET DESSINATEURS DU "KROKODIL", 16 ONT LA CARTE DU PARTI.

LE DESSINATEUR VÉTÉRAN QUI SE SOUVIENT D'UN VOYAGE À PARIS (EN 62) ET D'UNE VISITE AU "CANARD ENCHAÎNÉ"

RÉPONSE « Les dessinateurs du "KROKODIL" ne caricaturent jamais nos dirigeants. Nous portons notre critique sur l'excès de bureaucratie ou l'incivisme, mais jamais sur le régime. »

Crocodiles

Les Soviétiques adorent leur hebdomadaire satirique qui a pour nom *Krokodile.* Journal pourtant bien sage et dont le dessin n'est plus révolutionnaire depuis longtemps. Au cours des dernières années, et un peu plus vite sous Gorbatchev, les caricatures envers l'administration se sont faites un peu plus acides mais la cible de choix reste le « Grand Satan » américain avec dollars et gros cigares.

Nous sommes allés rendre visite aux journalistes de *Krokodile* et ils nous ont appris, l'air inexplicablement satisfaits de la chose, qu'ils n'étaient pas tous au Parti. Mais, manifestement, certains dessinateurs étaient déjà là à la mort de Lénine...

Question de Cabu : « Alors, vous n'avez pas eu trop de mal à vous habituer à la tête de Gorbatchev, il n'est pas trop dur à dessiner ? »

Étonnement poli de nos chers confrères : « Gorbatchev ? Mais... nous ne dessinons jamais Gorbatchev, pas plus que les autres dirigeants, d'ailleurs. »

Tout à fait exact car à la frontière on nous a confisqué un exemplaire du *Canard enchaîné* où figurait un dessin montrant Gorbatchev et Reagan devisant à Genève. Les douaniers ne l'ont pas saisi pour la légende mais pour le principe !

Il est vrai que les bureaux de *Krokodile* sont logés tout en haut de l'immeuble de la *Pravda,* un groupe

de presse particulièrement puissant... Au dernier congrès des journalistes, ceux de *Krokodile* ont suggéré à leurs confrères d'avoir un peu plus d'humour, ce qui ne les a pas empêché de participer à la réélection à leur tête du rédacteur en chef de la *Pravda,* journal dont l'humour discret est bien connu.

PLACE DZERJINSKI : Non, ce n'est pas un poète en robe de chambre...
C'est le chef de la TCHEKA puis de la GUEPEOU de 1917 à 1926 !
Un grand copain
de STALINE...
d'ailleurs ça se comprend :
on ne peut partir au boulot
sous l'œil d'un POÈTE
débraillé !

Affaires...

L'étude de la langue russe est parfois plus facile qu'on ne l'imagine. Quand on décrypte le cyrillique de la vie quotidienne on reconnaît, par exemple, deux mots : business et loto.

Le premier est définitivement passé dans le langage courant et sert donc à désigner toutes les activités qui, d'après la règle socialiste, n'existent pas en URSS puisque personne n'est censé faire des affaires.

Quant au loto, les Russes y jouent comme des fous, remplissant religieusement leurs petites feuilles dans les couloirs de métro ou dans des petits kiosques discrets où trônent des retraités.

Il paraît que le loto socialiste n'a rien à voir avec le jeu de hasard capitaliste qui, lui, est un authentique opium du peuple destiné à procurer du rêve aux couches les plus défavorisées de la population. Impossible à Moscou et ailleurs puisque, par définition et par décision du Soviet suprême, il n'y a justement pas de couches défavorisées dans la population. Le loto n'est qu'une saine distraction à laquelle de nombreux Soviétiques participent par pur esprit civique.

Car ce loto, il fonctionne et distribue sa manne hebdomadaire pour la bonne cause : il sert – c'est écrit dessus – à financer le sport dans le pays. Original : une sorte d'impôt volontaire, en quelque sorte.

L'ÉTÉ AU PARC GORKI

Mais cela n'a rien à voir avec le business. Ni avec les courses de chevaux où on peut parier plusieurs fois par semaine à Moscou et même faire un tiercé sur place le dimanche. Dans une ambiance auprès de laquelle une nocturne à Vincennes a l'air d'une garden-party au couvent des Oiseaux.

Bonneteau

Dès qu'il fait beau, à l'écart des jeunes gens qui s'embrassent, des mères qui promènent leurs enfants, des bourgeois qui font prendre l'air à leurs chiens, des militaires qui draguent et des punks qui zonent, le tranquille boulevard de verdure accueille des Moscovites qui gagnent leur vie le plus malhonnêtement du monde.

Derrière un petit attroupement, tandis qu'un compère fait le guet et qu'un autre appâte le provincial en goguette ou fraîchement débarqué de sa campagne, des Soviétiques aux belles moustaches et au poil noir jouent tout simplement au bonneteau. Les trois cartes virevoltent sur une planche ou un morceau de carton tandis que s'échangent les billets de dix ou vingt-cinq roubles. Un coup je te vois, un coup je te vois pas, la bonne carte disparaît et réapparaît tandis que le gogo s'épuise à la suivre des yeux. Après avoir vu gagner un compère, après avoir ramassé la mise une ou deux fois, le naïf perd gros. Et, comme à Paris, il y a toujours des pigeons alors que l'on pourrait penser le truc usé, même si le bonneteau ne s'est pas installé depuis très longtemps dans cette capitale devenue permissive.

Tout près de là, signe des temps, des joueurs d'échecs « intéressent » discrètement les parties à coups de roubles, organisant sournoisement des petits

L'HIVER AU PARC GORKI

tournois dont l'objectif est de plumer la volaille socialiste et provinciale. Et les miliciens, deux par deux, passent et repassent. Mais que fait donc la police ?

Encore quelques années et ils joueront à la pétanque à dix roubles du point...

Mariage blanc pour marché noir

La loi est claire : il est interdit de venir s'installer à Moscou sans y avoir un emploi. Il y a bien longtemps, les planificateurs ont fixé la population maximale de Moscou à cinq millions d'habitants. Puis, le Plan a été révisé et le chiffre élevé à six millions. Cette population augmentant de façon vertigineuse comme dans toutes les grandes capitales du monde, les planificateurs ont fait preuve d'un réalisme tout à fait socialiste et fixé une fois pour toutes, c'est juré, le nombre des Moscovites à sept millions. Ils sont actuellement et officiellement huit millions ; « et, certains jours, comme disent des urbanistes du conseil municipal, nous devons être dix millions ».

Conclusion : le système soviétique, qui est paraît-il rigoureux, inquisiteur, efficace et policier y compris dans la vie de tous les jours, a laissé passer dans ses mailles quelques millions de personnes. Dont beaucoup d'immigrés, c'est-à-dire des gens basanés en provenance des républiques de l'est de l'URSS. Conséquence d'un incroyable laxisme dont on ignore l'étendue en France : il y a bien longtemps que les Soviétiques peuvent voyager librement à travers leur pays sans demander d'autorisation sauf pour quelques villes frontières (stratégiques) avec la Chine.

Alors, sous couvert de tourisme, de vacances ou de visites familiales, des dizaines de milliers de gens affluent vers Moscou et s'y incrustent en oubliant de se faire enregistrer. Ensuite, quand ils ont trouvé un travail, ils demandent à faire régulariser leur situation auprès des autorités municipales qui ferment les yeux. Il faut s'appeler Sakharov pour réussir à se faire expulser de Moscou qui abrite des dizaines de milliers de parasites, comme on dit là-bas, aux occupations mal définies et colonisant certains quartiers ou certains immeubles...

Toujours selon la loi : ces « gens-là » ne devraient pas trouver de logement. Puisque, voir plus haut, pour habiter à Moscou...

Beaucoup se débrouillent et certains, tout bêtement, se font organiser des mariages blancs qui leur donnent le droit de résider dans la capitale. Les Ouzbeks et les Géorgiens se sont fait une spécialité de cette astuce. Et comme tout besoin crée la fonction, certaines gérantes d'immeuble améliorent leurs fins de mois en servant d'entremetteuses. Pas d'explication à cette particularité, mais cette... profession marginale est plutôt exercée par des femmes.

Tout cela parce que, autre corruption capitaliste, il y a de plus en plus d'appartements à vendre en copropriété à Moscou (et ailleurs). Le « syndic » représentant de la copropriété a donc le choix entre vendre ces appartements à des prix normaux à des gens qui en cherchent ou bien réaliser une... plus-value sur le dos des immigrés de l'intérieur. Les gérantes mettent donc quelques logements en « longues réparations » et constituent une réserve... de dames désireuses d'arrondir elles aussi leurs fins de mois. Et aux provinciaux qui « cherchent », elles proposent l'appartement et la dame à marier. Soit cash, soit à crédit mais pour un bon paquet de roubles dont une belle ristourne pour la mariée.

Le marié voit ainsi sa situation régularisée en

Gorki (35 kilomètres de Moscou) LA CHAMBRE OÙ EST MORT LÉNINE LE 21 JANVIER 1924
À 18 HEURES ET 50 MINUTES

quelques semaines, qu'il ait ou non un travail puisque, dans ce cas, la question n'est même pas posée. La morale est sauve car, en attendant le délai raisonnable du divorce, dans un pays où il ne s'agit que d'une formalité, la mariée n'est bien entendu pas dans l'obligation de cohabiter avec son mari de complaisance.

Mais on connaît de ces mariages qui se terminent par d'authentiques histoires d'amour et beaucoup d'enfants. D'autant plus que les Soviétiques qui ont les moyens de s'offrir un appartement au prix fort sont des gens qui ont du bien au soleil. Bref, de fort beaux partis. Comme me le disait un Géorgien, « importateur » de fruits secs pour les marchés de Moscou, dans un rire formidable en parlant de sa femme de pacotille qui avait décidé de rester : « En URSS l'argent ne fait pas le bonheur, mais il fait le marché. » Un Géorgien fin lettré et diplômé qui parle le français mais qui a compris depuis longtemps que ce n'est pas avec des diplômes que l'on gagne sa vie, « mais avec ce qui manque aux autres... Je fais fortune parce que les couillons du Plan n'ont jamais réussi à organiser correctement le séchage des fruits. C'est pas un pays de cocagne, l'URSS ? ».

Ce petit marché noir des mariages blancs qui fonctionne sans petites annonces explique que certains immeubles de la périphérie de Moscou voient leur population orientale augmenter lentement et sûrement. Avec, parfois, des réactions plutôt aigres-douces des Moscovites. Peut-être sont-ils jaloux de constater que les Géorgiens, pour ne parler que de ceux-là, sont encore plus forts qu'eux... pour assécher des bouteilles de vodka.

Le rouge passe au vert

Une des dernières modes moscovites, car il en existe beaucoup, consiste à devenir végétarien. A l'ascèse alimentaire et ordinaire, née des conditions économiques, s'ajoute désormais une discipline volontaire transformant la consommation exclusive des légumes en genre de vie et en philosophie. Il ne manque pas de mauvaises langues, parmi les adeptes soviétiques invétérés du régime carné, pour prétendre que le gouvernement soviétique, d'ordinaire si prompt à se méfier des idées occidentales, ne peut que se réjouir de voir un nombre grandissant de citoyens se priver volontairement et avec le sourire d'une denrée qui fait régulièrement défaut dans le pays.

Mais ce propos iconoclaste des Soviétiques, qui ont tendance à se méfier systématiquement de leurs dirigeants, ne doit pas dissimuler la réalité : s'ils changent de régime avec la bénédiction de celui qui règne au Kremlin, c'est que les Soviétiques se mettent rapidement à l'écologie ; et à toutes ses manifestations. Depuis quelques années, peut-être lassés de broyer du noir, les Rouges virent au vert et réclament du « naturel ». Dans ce pays où l'information reste une denrée précieuse et contingentée, ils exigent notamment, y compris dans des lettres à leurs journaux, de savoir ce qui se cache dans leurs conserves. Quand le Plan aura décidé que ce n'est pas vraiment un secret

classé « confidentiel-défense », ils auront peut-être satisfaction.

En attendant, sur plusieurs marchés libres de Moscou, des agriculteurs attirent le client en expliquant en quelques mots que leurs produits ne sont pas traités. Au marché proche de l'avenue Lénine, un vendeur de miel explique sur une affiche, en russe, en français et en anglais, que ses abeilles butinent dans des zones non polluées et que ses produits naturels donnent des forces et une nouvelle jeunesse à leurs consommateurs.

Dans les pharmacies tout le monde se précipite sur les remèdes à base de plantes. Les Moscovites, vieux bouquins à la main, ont retrouvé les joies de l'herborisation médicinale dans les forêts qui entourent la

ville. Certains, plus malins, écument les forêts de Moscou et l'on en rencontre qui cueillent discrètement dans les quatre cents hectares qui entourent l'Académie d'agriculture ou sur les bords de la Moskwa.

Tout cela n'est pas très rationnel, socialistement parlant, bien sûr. Mais les Soviétiques qui tournent à l'écolo ne font pas les choses à moitié. A tel point qu'autour de nombreux immeubles neufs, les copropriétaires et les locataires ont tout simplement arraché les arbres et les plantes d'ornement pour mettre des arbres fruitiers, des framboisiers et des groseilliers. Et combien de fois, jetant un coup d'œil distrait sur des pelouses, nous avons reconnu, le long des murs, des feuilles de pommes de terre ou des pieds de concombres. Toujours soigneusement contournés par les camarades tondeurs. Une façon de prévenir les problèmes de pénurie, mais cela va bien plus loin car ils ne manquent ni de pommes de terre ni de concombres ou de pommes tout au long de l'année. Ils expliquent, ces jardiniers sauvages, que leurs produits sont bien meilleurs. Et, chaque automne, ils ramassent des tonnes de fruits sous les centaines de pommiers plantés comme arbres d'ornement le long de l'Université.

Dans Moscou il reste encore des milliers de jardins individuels exploités. Ce qui, il y a quelques années, était considéré comme « petit-bourgeois » bénéficie à la fois de la mode écolo et de l'encouragement du gouvernement : voilà évidemment la meilleure conjoncture possible. La ruée vers les jardinets commencée il y a quatre ou cinq ans s'intensifie : Gorbatchev, le premier responsable soviétique à « sentir » les modes et les idées porteuses, a relancé la distribution des lopins et promis qu'il en sera désormais octroyé plus d'un million par an aux citadins. Auxquels personne n'interdira de vendre leur marchandise, brute ou transformée. Mode et économie font excellent ménage...

En fait, si l'écologie fait autant recette, dans la vie courante, dans les journaux, dans la littérature, c'est que l'URSS doit compter à peu près autant de technocrates bornés que les démocraties occidentales. Nous en avons vu des beaux, des superbes, des qui, par exemple, ne se contenteraient pas de faire de la

CIMETIÈRE DE LENINGRAD

Comme le Socialisme n'a pas fait de miracle, il faut attendre devant cette palissade couverte d'ex-votos

figuration intelligente à EDF. Évidemment, le camarade Lénine – qui savait tout – est présenté comme le premier et le meilleur des protecteurs de la nature. Mais Lénine ne pensait pas qu'à ça, tout comme Marx et Engels : il faut vraiment éplucher les notes de bas de page pour considérer les trois grands barbus comme les précurseurs des Verts.

En un mot, beaucoup de Soviétiques sont largement mûrs pour lire Rika Zaraï et, cela tombe bien, la pénurie de bassines est terminée depuis deux ans en URSS. Il y a donc de quoi tremper des millions de parties charnues, d'autant plus que l'eau froide prescrite par la célèbre comique israélienne ne manque pas dans le pays. En attendant la lecture de notre guérisseuse-chanteuse, les Moscovites et les habitants de Leningrad ont fait des ouvrages de Raquel Welch et de Jane Fonda des livres de références dont ils récitent des passages avec beaucoup plus de dévotion que pour Lénine.

Certaines usines ou certaines coopératives, utilisant d'odieuses méthodes capitalistes, ont compris le système : il suffit de mettre « naturel » sur un produit pour qu'il s'enlève comme des petits pains. Cette pratique coupable a été inaugurée par hasard en 1980, peu avant les jeux Olympiques, quand un journal a évoqué en dix lignes, sans doute pour boucher un trou au moment du bouclage, un nouveau « tonique » produit par une obscure coopérative sibérienne. Le journaliste s'extasiait (horrible soupçon : est-ce la première publicité clandestine soviétique ?) sur les vertus reconstituantes de ce breuvage concentré concocté avec une plante voisine du ginseng : c'est naturel, donc c'est meilleur que toutes les médecines, écrivait cet innocent. En quelques semaines, les pharmacies ont été dévalisées. Fidèles à leurs habitudes, les Moscovites ont fait des stocks. Pour les amis, pour la famille, pour eux, pour plus tard, et bien entendu « au cas où » le produit viendrait à manquer. Ce qui n'a pas manqué d'arriver... Et on a dû limiter le nombre des flacons vendus par personne une fois les premiers stocks constitués dans les arrière-cuisines.

Dans le parc national de Moscou qui couvre la bagatelle de onze mille hectares nous avons rencontré un écolo-scientifique qui se vante en ricanant d'avoir participé à la mise au rancart d'une quarantaine de projets d'urbanisation et de construction. Cet homme passionné travaille pour la Ville de Moscou et, comme un vulgaire écolo occidental, se bagarre contre les bâtisseurs : il se frotte les mains chaque fois qu'il marque un point. Quand on a fait de solides études politiques on appelle ça les « contradictions internes d'un système ». En attendant, tout en veillant du coin de l'œil sur quelques architectes enragés, le scientifique en question parle avec délectation de sa dernière invention : une brigade spéciale qui, au moindre appel, s'en va gentiment et doucement récupérer les... élans qui se perdent parfois dans la ville en sortant du parc national.

Pour les Français qui se mettraient à rêver, on signale au passage que le paillasson, pardon, le bois de Vincennes qui sert d'espace vert aux Parisiens ne couvre qu'un bien petit millier d'hectares sur lequel Chirac voulait faire construire un stade olympique. C'était notre minute d'anti-chiraquisme primaire.

discothèque de la banlieue de Moscou (ancien village olympique)

PLAN QUINQUENNAL
TCHERNOBYL
SOLJENITSINE
NOUS DEVRONS AGRANDIR "LE PAVILLON DES CANCÉREUX"...

Les accidents nucléaires seront dorénavant interdits pendant les préparatifs de la fête du Travail

Si l'évacuation de la zone de Tchernobyl a posé tant de problèmes, c'est tout bêtement parce que la plupart des moyens de transport de la région de Kiev étaient déjà mobilisés et rassemblés pour les fêtes et le défilé du 1er Mai, avec jolis drapeaux rouges en prime et pour décoration. L'accident nucléaire grave étant, jusqu'à présent et par définition, impossible en régime socialiste tout comme il est « hautement improbable » en régime capitaliste, les responsables des transports de Kiev ont fait la sourde oreille. Quoi ? Remettre en cause le bel ordonnancement du défilé de ce 1er Mai qui est si important qu'on le prépare à partir du 2 ? Il n'en était pas question et il a fallu que des scientifiques paniqués se fâchent et fassent appel à Moscou pour que les autocars soient débloqués.

L'atome rouge n'est donc pas plus propre ni plus raisonnable que l'atome des affreux capitalistes. Et réciproquement, tant les spécialistes, de part et d'autre de ce rideau de fer qui aurait été plus utile en plomb, trimbalent les mêmes certitudes absolues. Conclusion provisoire : le rideau de fer n'existe pas ou ne sert à rien, puisqu'une partie des atomes ont choisi la liberté et sont passés à l'Ouest. Et l'on a vu les spécialistes et les technocrates les plus réactionnaires, surtout en France, voler au secours de leurs « camarades » soviétiques.

« Avant », chaque fois que nous avons parlé des centrales nucléaires à des scientifiques soviétiques, ils nous ont rassuré sur le ton dont on use avec des simples d'esprit pour leur faire comprendre les choses les plus évidentes et les plus simples. En gros le ton des ingénieurs EDF quand ils font grimper un maire de province sur le réacteur en lui expliquant qu'il ne sera pas malade le lendemain.

En attendant, les militaires grattent la terre dans un rayon de quarante kilomètres autour de la centrale en se disant que l'Afghanistan, après tout, c'était le paradis socialiste. Quant aux Soviétiques, déjà plutôt inquiets quand on parle d'atome, ils ne pensent plus qu'à ça : à Moscou on a vendu pendant des mois, sous le manteau et au marché noir, des dosimètres portatifs, ces petites plaques sensibles que l'on accroche à ses vêtements quand on travaille dans des zones radioactives. Un mystère de plus : comment ces dosimètres sont-ils sortis des entreprises pour gagner le marché parallèle ?

Cet accident de Tchernobyl a aussi permis une étude passionnante des systèmes de presse soviétique et capitaliste. Les Américains, toujours « bien informés » dès qu'il s'agit de dire n'importe quoi sur les pays de l'Est, se sont accrochés pendant plusieurs jours à leur version de « plus de deux mille morts ». Sans que personne, là-bas et dans les médias européens, fasse remarquer qu'il était impossible qu'un accident nucléaire provoque deux mille morts dans une centrale où, au plus, devaient travailler quelques centaines de personnes. Puisqu'on nous a expliqué depuis des années, et à juste titre, qu'un réacteur nucléaire n'a rien à voir avec une bombe atomique et que les radiations, hors d'un bâtiment accidenté, ne peuvent tuer « que » lentement (et plus tard), si l'on ose dire.

Heureusement qu'au bout de quelques jours les spécialistes d'EDF ont commencé, comme leurs confrères étrangers, à démentir. Pour la première fois depuis bien longtemps, l'establishment de droite volait au secours d'un establishment de gauche : attendrissant. Rien de plus émouvant que l'internationalisme nucléairien.

Pendant ce temps, en URSS, l'accident nucléaire

se transformait en tremblement de terre. Non seulement les scientifiques soviétiques peu favorables au nucléaire civil – il en existe – sont repassés à l'offensive dans la nomenklatura, mais, en plus, la presse soviétique a perdu les pédales.

Déjà, l'accident, cela faisait très désordre. Mais que dire de la cacophonie des grands journaux soviétiques et de l'audiovisuel ! A chacun sa version et ses explications, comme de vulgaires médias de l'Ouest. Certains jours, le nombre des morts et des évacués différait d'un organe de presse à l'autre. Mais que fait la censure ? Mais que fait la police ? Pour qui regarde l'URSS ailleurs que dans le blanc des yeux du Kremlin, ce désordre médiatique est probablement l'événement le plus important des dernières années. Comme une petite explosion après la grosse.

D'autant plus qu'en fin de compte les Soviétiques ont peu à peu laissé passer les images les plus saisissantes de la vérité et de la catastrophe. C'est la fin du dogme que commentent les scientifiques et la population : l'atome de l'Est n'est pas meilleur que celui de l'Ouest.

A charge de revanche... le jour où les atomes de l'Ouest iront faire un tour à l'Est.

Le musée de la drogue

La cathédrale Notre-Dame de Kazan transformée en MUSÉE DE L'ATHEÏSME
monument à Mikhaïl Koutouzov

Une ancienne cathédrale de Leningrad abrite un musée qui nous a passionnés. Nous y avons trouvé des statues, des livres saints, des tableaux, des objets du culte liés à toutes les religions. Et un magnifique « coin français » avec d'extraordinaires dessins anticléricaux de la période révolutionnaire ; avec en prime des « corbeaux » croassant dans toutes les directions. Car il s'agit du musée de l'athéisme ; plus exactement « de l'athéisme et de l'histoire des religions ».

Le musée est immense et voue également aux enfers et aux poubelles de l'histoire toutes les religions, y compris les sectes les plus récentes. Saint Sulpice, un peu maso comme tous les saints, y serait heureux car, même à Lourdes ou à Lisieux, on n'a pas accumulé autant de bondieuseries au mètre carré.

Cet enfer pavé de mauvaises intentions se visite surtout en groupe et il est exclusivement fréquenté par des Soviétiques. Sous la conduite d'experts en religion, pardon, en athéisme, ces groupes d'adultes ou d'enfants font le chemin de croix en deux heures. A la sortie ils sont censés se méfier et être dégoûtés à jamais de la drogue, c'est-à-dire de l'opium du peuple sous toutes ses formes. Mais pourquoi diable les guides ont-ils de faux airs de grenouilles de bénitier ?

Ce pèlerinage ne figure pratiquement plus jamais

dans les guides touristiques destinés aux étrangers alors qu'il se trouve au centre de la ville, sur la Perspective-Nevski, à quelques mètres d'un Grand-Hôtel.

Entrée des catacombes de l'athéïsme

Les Soviétiques craindraient-ils que des étrangers distraits se mettent à croire que, même en matière d'athéisme, il n'y a que la foi qui sauve... ?

images de la Révolution française

Eglise St Cosme-et-Damien

Le groupe pope

Le clergé orthodoxe soviétique est au moins aussi bien protégé que les bisons ou les tigres de Sibérie : dans la magnifique réserve naturelle de Zagorsk, à quatre-vingts kilomètres de Moscou. Un espace protégé ouvert au public et au tourisme, soviétique comme étranger. C'est une des plus belles réserves d'URSS et probablement d'Europe. Les popes y sont superbes, barbus, tourmentés et rétro à souhait, et, avec leur public sans cesse renouvelé, ils ont l'air de faire de la figuration dans un film anticlérical noir et blanc d'avant guerre. Et il y a longtemps que les vieilles grand-mères ont usé le bas des robes de certaines statues à force de les embrasser. Plus qu'un film : une super-production.

Ce centre religieux de Zagorsk sent plus le rance et la vieille bougie que l'opium du peuple : pas besoin de fermer les yeux pour imaginer le dix-neuvième siècle tsariste dans son environnement architectural et artistique magnifique. Dans leur souci de préservation de l'espèce, les Soviétiques entretiennent le décor avec soin. Ça brille tellement qu'on se croirait dans un péplum américain en CinemaScope : on a l'impression que Roublev va surgir d'une iconostase...

Quoi qu'on en dise, le *popo vulgarus* ne se reproduit pas trop mal puisque l'on croise à Zagorsk de nombreux jeunes religieux et qu'ils ne sont pas les derniers à courser les photographes qui viennent leur tirer le portrait d'un peu trop près. Comme pour les bisons, mieux vaut opérer avec téléobjectif sous peine d'être chargé.

Cabu, dont on ne dira jamais assez à quel point il est fasciné par le moindre vol d'oiseaux rares ou de corbeaux, ne savait plus où donner du crayon noir. Et il se demandait, l'innocent, pourquoi dans ce pays qui a supprimé tant de choses utiles, on conservait avec soin cette relique du passé. Un vrai zoo : il ne manque que l'écriteau « Interdit de donner à manger aux popes et aux bigotes ». Charité bien inutile : les popes et leurs supérieurs hiérarchiques sont fort bien payés par l'État et touchent jusqu'à cinq cents roubles par mois, soit le double du salaire moyen d'un ouvrier de Moscou.

L'espèce ne survit pas qu'à Zagorsk et se rencontre dans quelques dizaines d'églises de Moscou, dans le centre comme dans les quartiers périphériques. Les prêtres orthodoxes ne paraissent pas surmenés par le nombre de leurs ouailles. Ce qui, affirme une rumeur publique sombrant de toute évidence dans l'anti-cléri-

Impromptu entre un groupe de touristes français et le POPE du monastère de NOVODIVITCHIE

calisme primaire, leur laisse largement le temps de se consacrer à la vodka.

D'autres rumeurs encore plus anticléricales présentent volontiers les popes comme des fervents gardiens de la morale et de l'ordre, c'est-à-dire comme des alliés plus ou moins objectifs et plus ou moins conscients du KGB.

Comme tout n'est pas noir en URSS (ni rouge, d'ailleurs, mais c'est une autre histoire...), force est bien de constater que la population n'est pas vraiment en manque de popes et de religion. Ceux qui continuent à faire tourner la boutique religieuse à Moscou et dans les provinces suffisent largement à la tâche. On n'est pas en Pologne... Dieu soit loué !

Reste qu'à regarder le fonctionnement de l'Église orthodoxe soviétique on a envie de piquer sa meilleure question à Jacques Chancel : « Et Dieu dans tout ça ? »

Bénévoles

En décrivant la relative inappétence au travail d'un grand nombre de Soviétiques qui ont inventé bien avant nous une société de loisirs, nous commettons une légère injustice envers une catégorie de travailleurs. Ceux que l'on croise dans les villes ou les campagnes avec un brassard rouge au bras. Ils s'en vont souvent par deux, comme pour se donner du courage, et on les appelle les Drujiniks.

Ces braves gens, réinventant la B.A. des scouts, consacrent leur soirée, leur samedi ou leur dimanche à une tâche d'utilité collective. L'URSS a ses TUC mais ils ont tous les âges et ne reçoivent pas un centime. Ils font traverser les enfants, patrouillent sur les trottoirs pour servir de supplétifs à la police, contrôlent les entrées d'un spectacle, assistent les employés du métro ou de la gare, aident dans un magasin ou une administration, etc.

Ce qui signifie que dans la pratique ils ne servent rigoureusement à rien ; sinon, parfois, à emmerder le monde quand ils font du zèle. Car ce sont avant tout de bons communistes qui aspirent à entrer au Parti. Et pour entrer au Parti, honneur qui n'est donné qu'à une quinzaine de millions de Soviétiques, il faut le mériter. Alors quand on n'a vraiment aucun talent particulier, on fait l'intéressant, c'est-à-dire le Drujinik. L'essentiel n'étant pas de faire quelque chose, mais d'être volontaire pour le faire et de se faire remarquer en le faisant...

Il y a de moins en moins de Drujiniks dans les villes et les villages soviétiques. Comme partout le bénévolat, même valorisé, est en crise.

INGRAD

Les Russes croient au Père Noël

Qui l'eût cru ? Les Russes croient au Père Noël, et ses houppelandes rouges (évidemment !) ou parfois bleues hantent les rues à partir du 20 décembre pour la plus grande joie des petits enfants qui se font photographier en sa compagnie. Ce Père Froidure, disent les Soviétiques qui ont quand même le sens des convenances, fait partie de l'imagerie populaire et enfantine. Le Père Froidure est bien entendu un camarade syndiqué dûment détaché de son entreprise, parfois un magasin, pour assurer une fonction dont il assume en général tout le poids social et idéologique grâce à une carburation « pure vodka ». De quoi, aussi, supporter les – 30° de Moscou et les – 20° de Leningrad.

Comme le Père Froidure est un fin diplomate, il évite soigneusement Noël qui, pour les adultes, est un jour de travail comme les autres alors que les enfants sont en vacances. Mais, comme il faut bien composer avec la tradition (et les habitudes occidentales), c'est lui qui dépose les cadeaux au pied des sapins : dans la nuit de la Saint-Sylvestre, pardon, du 1er Janvier. Ainsi cohabitent l'ancien et le nouveau, le passé et le présent.

C'est donc la fin de l'année qui déclenche de plus en plus souvent chez les Russes une frénésie de cadeaux et de fêtes qui ressemble furieusement à la nôtre ; la profusion en moins. Même si, à cette occasion, les boutiques – et les autorités – font un effort, quitte à le préparer en dégarnissant les rayons au début du mois de décembre.

Fort heureusement, ni Lénine ni Jésus ne sont mêlés aux plaisirs des enfants et des parents. Comme quoi, tout n'est pas noir chez les Rouges.

Musée Central Lénine - Les pionniers devant la statue de Lénine.

Seins de glace

Peu de Soviétiques ont entendu parler du *Livre des records* alors que, chaque hiver, certains d'entre eux s'efforcent de reculer les limites du possible et du supportable. Une mode comme une autre : à Leningrad et à Moscou, c'est à qui se baignera par la température la plus froide. En cassant la glace, bien sûr.

Près de la forteresse Pierre-et-Paul de Leningrad, ces « pingouins » entretiennent donc plusieurs trous dans la Neva gelée, à quelques encablures du fameux croiseur *Aurore.* Ils guettent les chutes du thermomètre pour se plonger dans l'eau alors qu'il fait au minimum –15° dehors. Au-dessus, c'est bon pour les mauviettes.

Les adeptes de cet étonnant plaisir se déshabillent soigneusement sur la neige et se plongent dans l'eau pendant une trentaine de secondes avant de ressortir rouges comme des écrevisses. Il y en a des gros, des petits, des maigres et des méticuleux. Nous en avons observé un de la dernière espèce : en maillot de bain, il s'est assis au bord de la rivière après être sorti de l'eau et avoir enlevé ses palmes et il a remis soigneusement ses gants et ses chaussures avant d'aller se rhabiller dans sa voiture garée un peu plus loin.

Malgré les protestations des médecins et de certains journaux, plusieurs Moscovites et Leningradois

LENINGRAD : -17°

ont même inventé depuis peu le bain glacé familial. Lequel consiste à faire trempette glaciale avec madame et les enfants. Il paraît qu'à ce jeu idiot, il y a eu des accidents.

Ce qui jette un froid.

LE RÉACTEUR EN FUSION
AURAIT PU TRANSPERCER LE GLOBE TERRESTRE...
POUR RESSORTIR
À THREE MILE ISLAND !

Froid devant

L'hiver, le peuple russe double de volume sous l'effet des pelisses enfilées sur vestes et pull-overs dès que la température descend vers zéro. Ils ne s'habillent pas, ils changent de forme. A tel point qu'il est formellement interdit de pénétrer habillé dans un établissement public ou un restaurant : il faudrait diminuer de moitié leur capacité d'accueil. En hiver, on s'habille, qu'il fasse froid ou non. C'est comme cela et les grand-mères veillent avec fermeté sur la tenue des petits-enfants qui ne sortent qu'emballés comme des paquets cadeaux, les écharpes s'enroulant autour des bonnets qui eux-mêmes sont parfaitement assortis aux manteaux. Les enfants d'Occidentaux, moins emmitouflés, se font souvent rappeler à l'ordre dans la rue ou à la sortie des immeubles par ces vieilles Russes qui regrettent que l'on n'emmaillotent plus les enfants à la maternité.

Les Moscovites sont sympas : il y en a toujours un pour vous taper gentiment sur l'épaule quand il s'aperçoit que vos oreilles commencent à geler, phénomène qui peut se produire à partir de 25° en dessous de zéro, température « normale » pour un hiver moscovite. Même si, depuis deux ou trois ans, la capitale vit quelques jours de janvier avec des – 40°. Pourtant, même dans ces circonstances et quelle que soit la hauteur de la couche neigeuse, la vie continue.

C'EST LA OUATE !

C'est à ce moment-là, n'en déplaise aux médecins qui prétendent que c'est inutile, que l'on comprend à quoi peut bien servir la vodka ! Est-ce que l'on demande à une voiture pourquoi elle a besoin d'antigel ? La fameuse chapka que tout le monde porte, sans exception, pendant tous les mois de l'hiver, ne suffit pas.

Les Soviétiques, que l'on dit assez peu organisés et facilement en panne de matériel, ont mis au point, dans les villes, une technologie fantastique pour racler, entasser, avaler, recracher, transporter ou déplacer la neige. Des bataillons nocturnes ratissent tout ce qui s'aventure sur le chemin : il n'y a pas intérêt à laisser traîner sa voiture ou à perdre son gant devant l'armada qui s'avance comme un rouleau compresseur.

Dans les appartements et les bâtiments publics, tous alimentés par le chauffage urbain qui fume sous la neige dans les rues, il fait le plus souvent une chaleur à mourir. Et, en règle générale, c'est à l'intérieur, et non à l'extérieur, que l'on attrape la crève.

Mais l'économie soviétique a d'autant moins inventé le mouchoir en papier que la pénurie de papier toilette qui durait depuis une quinzaine d'années n'a été résolue que dans le courant de 1986. C'est une des grandes réussites de Gorbatchev, probablement préparée avec opiniâtreté par ses prédécesseurs. Ça vous fait rire ? Réfléchissez un peu, vous avez tort.

Ne dites pas à sa mère qu'il est en URSS, elle le croit à la Fête de l'*Huma*

Comme l'exotisme est quotidien et que les mauvaises langues affirment que le rideau de fer commence sur la place du Colonel-Fabien, nous avons fait un voyage en URSS en compagnie d'une brigade de JC (Jeunesse communiste, pour les non-initiés). Ce qui a eu pour conséquence étonnante de nous faire apparaître les Soviétiques comme des modèles d'intelligence, d'ouverture d'esprit et de tolérance. Il s'agissait d'aller au Festival international de la jeunesse. Une de ces grandes messes qu'affectionne l'Union soviétique.

Invité vedette des JC : le chanteur Renaud à qui personne n'avait expliqué la différence entre la Fête de l'*Huma* et un grand cirque moscovite avec toutes les délégations et les groupes de pression politiques qui se tirent la bourre. Nul ne lui avait donné le mode d'emploi. Il a donc sincèrement cru à un complot soviétique contre sa personne et ses chansons alors qu'il a été simplement victime de la stupidité des « jeunes » communistes français, si on peut risquer un tel pléonasme. Il faut dire au passage que, jeunes ou pas, ils sont profondément méprisés par leurs camarades russes. Entre autres.

Faire défiler Renaud dans les rues de Moscou entouré de majorettes locales pendant quatre heures représentait déjà une belle performance et une certaine

ЗА АНТИИМПЕРИАЛИСТИЧЕСКУЮ СОЛИДАРНОСТЬ
LE FESTIVAL INTERNATIONAL DE LA JEUNESSE
UN FESTIVAL DE LA PAIX... DANS UNE GIGANTESQUE CASERNE !
RENAUD
CHANTEUR FRANÇAIS INVITÉ PAR LES JEUNESSES COMMUNISTES FRANÇAISES A CHANTÉ AU PARC GORKI DEVANT 10.000 JEUNES COMMUNISTES MOSCOVITES
ON LUI AVAIT BIEN DIT QUE LES CHANTEURS FRANÇAIS LES PLUS APPRÉCIÉS ÉTAIENT JOË DASSIN ET MIREILLE MATHIEU
intourist
03-94
MAIS RENAUD FUT TRÈS SURPRIS DE VOIR LA MOITIÉ DU PUBLIC QUITTER LE SPECTACLE APRÈS SA CHANSON "LE DÉSERTEUR"...
TROISIÈME RÉCITAL DE RENAUD A MOSCOU, DANS UN JOLI THÉATRE. LE LENDEMAIN, RENAUD APPRIT QU'IL AVAIT CHANTÉ DEVANT...
BRIGADES LOUIS ARAGON 85
...2.500 OFFICIERS SUPÉRIEURS DE L'ARMÉE SOVIÉTIQUE (EN CIVIL !)
JE ME SUIS FAIT AVOIR !

LE FESTIVAL INTERNATIONAL

DE LA JEUNESSE
ЛЕНИН

méconnaissance du chanteur en question. Même si, grande première extraordinaire, les majorettes de Gorbatchev ne portaient pas de soutiens-gorge et avaient manifestement été choisies parmi les plus belles du pays. Cabu et moi, gênés*, nous nous sommes éclipsés au bout d'un petit quart d'heure du défilé qui devait nous mener au stade Lénine pour un spectacle gymno-artistique de trois heures sous le soleil. Dur, très dur...

Passons sur les difficultés de répétition rencontrées par Renaud et ses musiciens, les JC étant tout simplement traités comme la dernière roue du carrosse festivalier par les Soviétiques. Et venons-en à l'essentiel, parce qu'il s'agit d'une belle tranche de vie communiste. Pour le chanteur « à textes » qu'est Renaud, personne n'avait pensé à une traduction avant et pendant les spectacles. A moins que, reculant devant une audace qui n'aurait finalement été qu'à usage français et pour photos dans *l'Huma* et ailleurs, les camarades français n'aient mijoté dès le départ de ne rien traduire. Pour ne pas courir le risque de choquer les Soviets. Qui, en fait, s'en moquaient complètement.

Alors, notre initiative perverse de faire se rencontrer Renaud et la grande chanteuse Alla Pugatcheva, et de demander à la « star rouge » de présenter les chansons du Français au cours de son premier spectacle, ne pouvait que déclencher une mini-tempête. Chez les Soviétiques, où s'affrontaient déjà cet été-là les fossiles de feu Tchernienko et les modernistes de Gorbatchev. Et chez les communistes français, où l'on ne sait jamais si ce sont les imbéciles ou les carpettes qui tiennent le haut du pavé.

Ce sabotage « gauchiste », qui faisait l'affaire de la

* Pas par les majorettes, évidemment.

Jeune communiste français écartelé entre son coeur et sa raison...

PENDANT LE FESTIVAL INTERNATIONAL DE LA JEUNESSE, LES FLICS EN CIVIL INTERDISENT L'ENTRÉE DES HOTELS POUR TOURISTES AUX BLONDES MOSCOVITES... C'EST DUR POUR UN JEUNE COCO FRANÇAIS ET NÉAMMOINS DRAGUEUR...

Pugatcheva et de son inénarrable impresario (rebaptisé Maruanof, pour les initiés), a réussi pour le premier concert et a échoué pour le second. Grâce à l'alliance (objective) des imbéciles-carpettes français et des vieux crocodiles du ministère de la Culture pour lesquels des chanteurs au look de Renaud sont tout juste bons à servir d'épouvantail dans un kolkhoze. Au ministère de la Culture soviétique, ils s'étripèrent joyeusement à propos de Renaud, comme les modernes et les anciens s'étaient étripés sur le rock. Avec appels aux mânes de Lénine ou de Maïakovski. Après engueulades, le score était de un à un pour les fossiles appuyés par les jeunes vieux des JC : le soir du grand concert au théâtre de Verdure, il n'y avait pas de traduction. La mécanique soviétique pouvait, sans se forcer, produire tous ses effets...

Le théâtre du parc Gorki contient environ huit mille personnes. En dehors de quelques groupes de JC venus acclamer l'idole que *l'Huma* clouait encore au pilori il n'y a pas si longtemps, on pouvait donc penser qu'il restait largement de la place pour de jeunes admirateurs soviétiques de Renaud. Mais assister à un spectacle du Festival de la jeunesse, c'est, comme souvent, d'abord une récompense. Conclu-

Concert de Rock à Moscou - Les meilleures places aux stakhanovistes...
(si fatigués qu'ils dorment...)

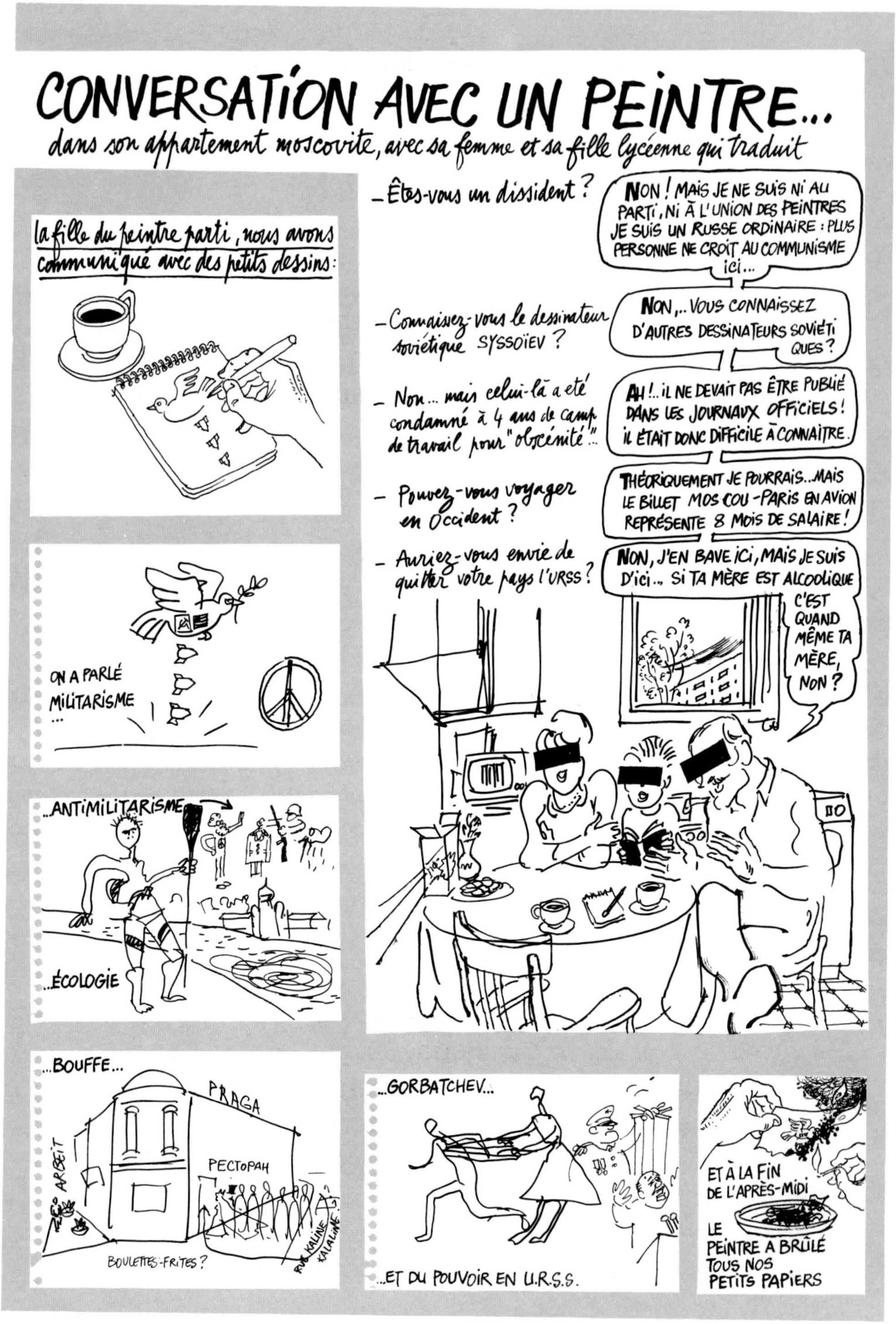
CONVERSATION AVEC UN PEINTRE...
dans son appartement moscovite, avec sa femme et sa fille lycéenne qui traduit
la fille du peintre parti, nous avons communiqué avec des petits dessins :
ON A PARLÉ MILITARISME ...
...ANTIMILITARISME
...ÉCOLOGIE
– Êtes-vous un dissident ?
NON ! MAIS JE NE SUIS NI AU PARTI, NI À L'UNION DES PEINTRES JE SUIS UN RUSSE ORDINAIRE : PLUS PERSONNE NE CROIT AU COMMUNISME ICI...
– Connaissez-vous le dessinateur soviétique SYSSOÏEV ?
NON,.. VOUS CONNAISSEZ D'AUTRES DESSINATEURS SOVIÉTIQUES ?
– Non... mais celui-là a été condamné à 4 ans de camp de travail pour "obscénité"...
AH !.. IL NE DEVAIT PAS ÊTRE PUBLIÉ DANS LES JOURNAUX OFFICIELS ! IL ÉTAIT DONC DIFFICILE À CONNAITRE.
– Pouvez-vous voyager en Occident ?
THÉORIQUEMENT JE POURRAIS... MAIS LE BILLET MOSCOU-PARIS EN AVION REPRÉSENTE 8 MOIS DE SALAIRE !
– Auriez-vous envie de quitter votre pays l'URSS ?
NON, J'EN BAVE ICI, MAIS JE SUIS D'ICI... SI TA MÈRE EST ALCOOLIQUE C'EST QUAND MÊME TA MÈRE, NON ?
...BOUFFE...
PRAGA
РЕСТОРАН
ARBEIT
BOULETTES-FRITES ?
...GORBATCHEV...
...ET DU POUVOIR EN U.R.S.S.
ET À LA FIN DE L'APRÈS-MIDI
LE PEINTRE A BRÛLÉ TOUS NOS PETITS PAPIERS

sion : les billets sont vendus à des travailleurs méritants. Même s'ils ont largement dépassé la limite d'âge. Dans les usines et les administrations de la région de Moscou on distribuait donc quatre-vingt-dix pour cent des billets pour toutes les soirées. Au hasard, sans dire aux heureux élus ce qu'ils allaient voir : sur le ticket une heure et un lieu, rien d'autre.

On a ainsi vu des premiers rangs d'honorables ouvrières et employées quinquagénaires, le sac à main serré sur les genoux, affronter un concert de rock soviétique et allemand. Spectacle surréaliste que ces braves dames et quelques messieurs décorés subissant la plus fantastique avalanche de décibels de leur existence, cherchant des yeux une sortie impossible. Ils restaient jusqu'au bout, dignes et recroquevillés, faisant front : comme à la guerre, sans déserter puisque le Parti les avait envoyés là. Certains se sentaient même obligés d'applaudir à portée mortelle de la sono. Les jeunes amateurs de rock étaient au fond de la salle ou dehors faute de billets.

Ainsi Renaud hérita-t-il comme les autres d'un parterre de volontaires désignés d'office ; parmi lesquels deux pour cent, version optimiste, devaient comprendre quelques mots de français. A l'extérieur, contenus par des barrières et des policiers, quelques milliers de jeunes enrageaient de ne pouvoir entrer. Certains suppliaient les heureux « gagnants » de leur céder un billet contre dix ou vingt roubles. *Niet !* Pas question, quand on a été distingué par son entreprise ou son syndicat, de négocier cette faveur. Ou alors... vraiment discrètement, vite fait, derrière un arbre et à l'abri des regards de la police. Donc rarement. Habituellement, dans les concerts rock ordinaires, les meilleurs élèves du régime n'hésitent pas à vendre leurs « bons points » à d'autres spectateurs. Mais à un Festival international... on sait se tenir.

En plus, dans la salle, d'ordre supérieur, trônaient quelques dizaines de supplétifs du KGB recrutés dans les universités pour faire du maintien de l'ordre. La bonne ambiance. Renaud a donc chanté, enthousiasmant quelques centaines de Français tandis que les autres restaient de marbre, faute de comprendre, faute d'avoir eu envie d'être là ce soir-là. Et quand la nuit fut venue, grâce aux multiples sorties de ce théâtre de Verdure, ils sont partis, découragés, dégarnissant discrètement la moitié de la salle. Dans l'ombre, impossible de repérer les déserteurs ; tandis que les JC braillaient et gigotaient aux premiers rangs, semant la panique parmi les gorilles du service d'ordre soviétique auxquels il fallut expliquer que ce n'était pas l'émeute mais la façon d'aimer un chanteur. Et ils se firent copieusement injurier par quelques Moscovites qui avaient réussi à parvenir volontairement jusque-là...

Sur scène, Renaud est allé jusqu'au bout tandis que les jeunes exclus du concert tendaient toujours l'oreille au dehors. Puis, dans la coulisse, Renaud s'est écroulé, accusant les Soviétiques de sabotage, les soupçonnant d'avoir organisé et filmé le départ de la foule au moment où il chantait *le Déserteur.* La réalité était à la fois plus simple et plus navrante. Mais les responsables des JC se gardèrent bien de l'expliquer, eux qui n'avaient même pas obtenu que Renaud puisse chanter devant un public volontaire. Il est vrai que, dix minutes avant le début... du match, ils n'avaient pas encore un seul billet pour les journalistes !

Le lendemain, après la démarche furieuse d'un grand rocker soviétique, Stas Namin, la querelle des anciens et des modernes reprenait au ministère de la Culture. On pria les JC de rester jouer dans leur coin tandis que l'on décousait de l'affaire entre grandes personnes. Et les modernes l'emportèrent par KO technique ; mais à la soviétique : Renaud fut convié à donner un troisième concert non prévu au programme... devant une assistance de militaires et de miliciens ! Succès garanti, et l'on vit un capitaine de la Milice demander un autographe à Renaud. Quelques jours plus tard, preuve que dans cette dernière manche les modernes avaient fait un tabac, le concert de Renaud était intégralement diffusé à la télévision. Le commentateur a traduit la plupart des textes et comparé Renaud à Vissotski, le (défunt) mari de Marina Vlady, acteur et surtout chanteur non conformiste sentant le soufre. Un nom alors rarement prononcé à la télévision. Détail révélateur : pas une seule image ne permettait de supposer qu'une partie des spectateurs avaient pris la tangente... Renaud ne l'a probablement jamais su : il a déclenché une des premières grandes batailles culturelles de l'ère Gorbatchev. Un anar semant la perturbation chez les bolchos, ce n'est qu'un retour aux sources...

Jour après jour, le Festival de la jeunesse offrait ainsi ce qui peut exister de meilleur ou de pire à Moscou. Le pire : la police surtout. Comme si, effrayés de leur audace, les Soviétiques fantasmaient sur la présence de dizaines de milliers de jeunes étrangers qui n'étaient pas tous aussi demeurés ou respectueux que les JC de France. Tellement angoissés, les Russes, que l'alcool avait disparu de la plupart des boutiques, à commencer par celles réservées aux étrangers. Fallait-il qu'ils soient paniqués pour se priver d'un bon paquet de devises...

Le meilleur : l'accueil des jeunes Moscovites, les invitations, les... mélanges en dépit des avertissements plus ou moins discrets des autorités sur le SIDA que tous ces étrangers étaient supposés trimbaler dans leurs valises.

Invitations et mélanges à partir de la place Rouge transformée en salle de bal et de rencontres en moins de deux jours, guitares et accordéons menant la danse le dos tourné à Lénine. Crime de lèse-majesté. Alors, tout de suite le pire : les autorités soviétiques interdisant la place au bout du troisième jour. Le meilleur : tout le monde s'obstinant joyeusement à se retrouver à quelques mètres de la place tandis que les délégations officielles donnaient des réceptions mortelles mais officielles, évidemment. Rencontres de la nuit à la fin desquelles, comme dans les matches de foot, on échangeait les T-shirts nationaux et... cosmopolites. Résultat : un mois plus tard, on pouvait croiser dans les discothèques de Moscou de belles jeunes filles arborant des inscriptions du genre « Moi, j'aime l'herbe », ou « Vive l'anarchie ». Pire que le SIDA...

Le pire encore : ces responsables des JC français expliquant après une rencontre officielle annulée avec des jeunes Soviétiques... que les autocars de leurs visiteurs s'étaient perdus dans Moscou. Ou bien ce jeune Français, que Cabu et moi avions surnommé le Camarade Convaincu : il expliquait tous les problèmes des Soviétiques... par les retards industriels accumulés par les tsars au cours du dix-neuvième siècle. Explication multiforme qu'il nous resservit à toutes les sauces. On a d'ailleurs fini par avoir honte... de lui faire des misères, tant sa foi était envahissante. Attendrissant. Tout le monde il était beau, tout le monde il était gentil : on aurait cru Yves Montand dans les années 50.

Pour le Camarade Convaincu nous n'étions que des iconoclastes, et notre suggestion d'apprécier l'URSS et les Soviétiques avec leurs qualités et leurs défauts était blasphématoire. Attendrissant mais, aussi, fascinant : on se demande où on peut encore attraper ce genre de virus en France. « A l'église », jure Cabu qui ne respecte rien.

Les jeunes Soviétiques sont rarement atteints à ce point et les bigots venus d'ailleurs les faisaient plutôt rire. Ou parfois les inquiétaient : « Nous sommes soulagés que vous n'ayez plus de ministres communistes en France... ils auraient ruiné votre économie. » Cela ne s'invente pas... cela relève du syndrome et du réflexe conditionné. Le Camarade Convaincu a éprouvé bien du mal à faire partager son enthousiasme à des jeunes qui avaient plutôt envie de parler fringues, gadgets, musique et bagnoles. Comme disait en soupirant un journaliste de la *Literaturnaya Gazeta* en se promenant dans la jeune foule de la place Rouge : « Chacun cherche ce qui lui manque le plus. L'idéologie, nous, on a déjà beaucoup donné... »

Les fils de bolchos virent doucement au punk et bâillent en écoutant le folklore révolutionnaire venu d'ailleurs. Le Nicaragua et le Chili font moins recette que chez nous, moins recette que Queen, Police ou Indochine. Cabu soupire...

Le Festival international de la jeunesse s'est achevé par des lâchers de colombes qui n'étaient que de vulgaires pigeons. Façon bien involontaire de rappeler que les jeunes Soviétiques sont désormais de drôles d'oiseaux.

Saint-Denis sur Moskwa

L'école publique française qui comporte le plus d'émigrés de toute provenance, celle qui offre la plus belle palette de potes ne se trouve ni dans le XIXe arrondissement de Paris, ni dans la Seine-Saint-Denis, ni du côté de la porte d'Aix à Marseille : elle fonctionne dans la capitale soviétique, à deux pas de l'ambassade. C'est l'école française de Moscou. De la maternelle à la seconde, elle regroupe quelques centaines d'élèves dont certains ont parfois bien du mal à parler français à leur arrivée. Toute l'Afrique, une partie de l'Asie et de l'Amérique latine, plus quelques Européens qui se trouvent une lointaine famille francophone y envoient leurs enfants. Étonnant *melting-pot* qui prouve que, premiè-

(Lénine a inspiré des peintres... des poètes... des bourreaux...)

rement (cocorico !) la culture française peut encore rivaliser avec l'américaine et que, deuxièmement, cette école multiraciale ne souffre pas du mélange...

Apparemment donc, tout s'y passe bien. Heureusement que Le Pen ignore cela, il y verrait certainement un intolérable gaspillage des deniers de la République. Alors que, pourtant, cette école publique n'est pas vraiment gratuite, que l'on soit français ou non. Mystère non éclairci.

Pas besoin de policiers pour faire traverser la petite rue tranquille qui grouille de belles voitures d'ambassade à l'heure de la sortie. Mais, comme partout, un milicien dans sa guérite qui surveille nonchalamment les entrées. Sans doute par crainte que des Russes s'en aillent y écouter l'abc de la subversion dans Benjamin Rabier ou le David et Pauliat.

Les nouvelles qui réchauffent

L'un des mystères de Moscou, ce sont les gens qui s'arrêtent dans les rues pour lire les journaux affichés sur des panneaux, hiver comme été. Pourtant ces journaux se vendent pour quelques kopecks. Le phénomène s'est développé depuis quelques mois, comme si les nouvelles que les Moscovites trouvent dans ces journaux leur réchauffaient le cœur au point de leur tenir les pieds au chaud dans la neige.

Autre partie du mystère, pour un Français, personne n'appose le moindre graffiti sur ces journaux muraux que l'on trouve un peu partout en ville.

Et ceux qui vous diront qu'il est inutile de regarder le titre puisque c'est toujours le même journal ont perdu : Gorbatchev a semé le désordre dans le pays en laissant les journalistes écrire un peu n'importe quoi, au gré de leurs informations.

Le système, décidément, se dégrade sérieusement.

Ouvert pendant les travaux

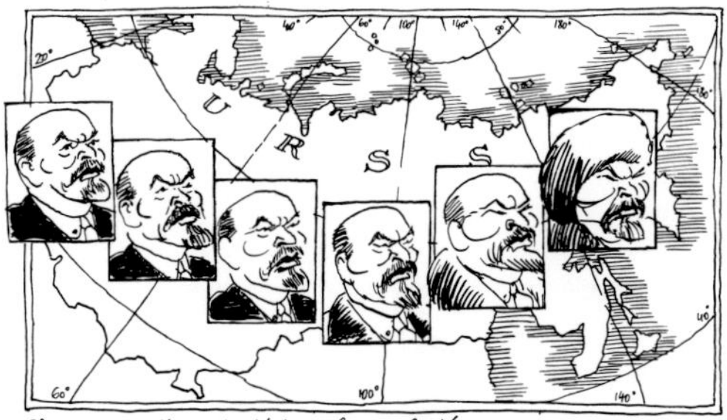

Plus on va vers l'Est, plus LÉNINE a les yeux bridés...

L'architecture du communisme est en pleine rénovation... du côté de Moscou. En France Juquin a essayé mais il est évident que notre Gorbatchev de Gennevilliers n'avait pas vraiment compris dans quoi il Marchais.

Toutes les appréciations et opinions s'affrontent au sujet du libéralisme socialiste inventé par Mikhaïl Gorbatchev. Mais au moins une chose est certaine : pendant les travaux destinés à rénover et reconstruire la société socialiste soviétique, l'édifice est très ouvert et c'est toujours ça que... les Russes auront, comme n'auraient pas dit nos grand-mères.

Donc il y a de l'eau dans le gaz à tous les étages de la société soviétique et comme tout est en reconstruction depuis le début de 1986, on peut regarder à l'intérieur : toutes les petites et grandes transformations s'opèrent à vue. La situation est nouvelle et réjouissante, les Soviétiques n'en perdent pas une miette, ricanant de voir leurs journaux raconter tout ce qu'ils disaient depuis longtemps en faisant la queue.

Partout, les postes changent de titulaires et le pays est en train de connaître la plus gigantesque vague de promotion de son histoire. Les mairies, les entreprises, les ministères, les kolkhozes, les administrations, les commissariats de police et même les magasins changent de « propriétaires ». Sans rire, Gorbatchev a dit au Plénum du Comité central qu'il s'agissait d'une révolution. Bon...

Les poubelles de l'histoire débordent

En moins de deux ans de pouvoir, l'équipe Gorbatchev a viré un minimum de quinze mille cadres, à tous les étages de la société soviétique, du responsable de magasin au ministre qui avaient parfois le même défaut : piquer dans la caisse et se conduire comme de véritables capitalistes, c'est-à-dire exploitant leur prochain.

Il paraît, on cite le Comité central pour se borner à faire uniquement de l'anticommunisme secondaire, qu'il faut jeter dans les fameuses poubelles de l'histoire qui n'ont jamais autant servi « les opportunistes, les carriéristes, tous ceux qui ont souillé le titre de responsable du Parti par l'avidité, l'ivrognerie et l'immoralité ». Il paraît, on traduit librement, mais on ne déforme pas le fond, que le communisme soviétique ne comprend plus rien à Lénine depuis les années 30.

Nous n'aurions jamais osé décrire des choses comme ça.

Allez camarade Trotsky, enlève ton masque, nous t'avons reconnu !

Retraite de Russie

Un jour qu'une fois de plus, comme disaient férocement les Soviétiques, on... apportait le Politburo, Mikhaïl Gorbatchev a dû s'apercevoir que ses prédécesseurs avaient oublié de faire le ménage. Comme si l'armée française avait conservé aux plus hauts postes les vainqueurs de Verdun pour faire la guerre au Tchad sous prétexte qu'ils avaient de l'expérience à revendre.

Il faut être allé, ces dernières années, dans des cérémonies et rencontres officielles pour témoigner de la... vétusté d'un personnel qui avait de toute évidence l'intention de mourir sur place, cramponné aux fauteuils, ne dormant que d'un œil, le réflexe encore suffisamment vif pour lâcher aux bons moments quelques phrases tournées dans le meilleur des bois, celui dont on ne fait pas les flûtes mais de vieilles badernes. Ils ne mordaient plus, mais personne ne le savait.

Avec Cabu nous en avons croisé de magnifiques spécimens dans les couloirs et autour des tables de conférence de la Mairie de Moscou. Des reliques superbes arrivées quasi intactes de la Révolution et dont il était facile de voir qu'ils réfléchissaient à la vitesse d'une troïka, leurs yeux ne s'allumant vraiment qu'au moment des toasts à la vodka. Et l'on commença par les mettre à l'eau et au Pepsi-Cola, un choc physique et idéologique qui a permis de les cueillir sans les abîmer. Cabu et moi nous espérons que pour l'édification (socialiste) des générations futures, quelqu'un a pensé à en mettre une brochette de côté.

Autres temps, autres mœurs : il y a quarante ou cinquante ans, ces nobles vieillards seraient allés moisir en prison après avoir eu droit à un beau procès public. Ils partent désormais dans l'anonymat le plus complet, le régime soviétique ayant manifestement renoncé à son vieil art d'accommoder les restes. On a même été jusqu'à refuser les autocritiques que certains de ces monuments, par réflexe conditionné, proposaient de faire.

1987 en URSS

Les bonnes âmes font la fine bouche sur ce qui se passe actuellement en URSS. A chaque nouveauté, à chaque surprise, elles trouvent une bonne explication, une raison de douter et de donner libre cours à leurs fantasmes personnels. Qu'elles soient allées chanter là-bas il y a bien longtemps et ne cessent de s'en excuser, qu'elles aient brièvement traversé « l'enfer » dans un voyage organisé d'Intourist ou qu'elles soient désolées d'avoir eu un jour la carte du Parti, elles nous expliquent avec ravissement que derrière chaque amélioration, chaque information, il y a une manœuvre, un truc, une propagande.

Et, argument suprême, les bonnes âmes nous rappellent que l'URSS n'est pas une démocratie. Voilà qui, en effet, ne prête pas à discussion.

Mais c'est un peu court, et, pour l'instant, ce n'est pas tout à fait le problème des Soviétiques. Semaine après semaine, ils font les comptes en lisant leurs journaux ou en regardant leur télévision. Et ils voudraient bien, d'ailleurs, les faire aussi à l'intérieur de leurs épiceries.

Ce qui compte, ce n'est donc pas la glose des bons apôtres mais les satisfactions, les plaisirs, les espoirs de ceux qui vivent en URSS. En se rendant régulièrement dans ce pays, on peut facilement mesurer la différence, une différence qui a d'ailleurs commencé à exister – on l'oublie – avant l'arrivée de Gorbatchev.

Par la force des choses et des idées que nulle frontière ne peut arrêter éternellement, par l'usure d'un système bureaucratisé à l'extrême et littéralement exsangue. Un seul exemple, c'est sous Brejnev que le rock a commencé à se répandre dans le pays à partir de Leningrad, en dépit des protestations horrifiées de la vieille garde à la tête de laquelle se trouvait alors le fameux maréchal Oustinov.

Parler sans risques, râler ouvertement, retrouver leurs protestations dans le journal, recevoir des étrangers à leur table sans visite de la milice, faire des affaires de toute sorte, voir les films dont ils avaient envie depuis longtemps et se presser sans crainte aucune dans les quarante-huit églises de Moscou désormais ouvertes au culte, choisir leur médecin ou leur dentiste s'ils en ont les moyens, virer le gérant de leur immeuble en copropriété sans déclencher une enquête de la cellule locale du Parti, sécher sans donner d'explications la réunion-pensum de la section politique de l'entreprise et se moquer ouvertement des vieux du Parti, beaucoup de Soviétiques ne boudent pas leur plaisir...

Ils se moquent de nos analyses, de nos moues et de nos réticences : la plupart d'entre eux en redemandent et attendent la suite avec impatience.

La télévision soviétique, on l'a vu, est elle aussi en plein renouveau pour le plus grand plaisir des téléspectateurs. Elle programme une nouvelle émission venue de Leningrad. Un show qui met en présence un artiste ou un groupe, un animateur et des spectateurs qui posent les questions les plus inattendues. Sans contrôle. Cela ne s'appelle pas le « Jeu de la vérité », mais cela y ressemble beaucoup. Comme si,

en URSS, on osait beaucoup de choses sans encore utiliser les mots.

Les Soviétiques expliquent volontiers que, pour le vocabulaire, ils peuvent encore attendre un peu plutôt que de tout perdre par impatience.

FIN

le mausolée de Lenine

MAME IMPRIMEURS, À TOURS
DÉPÔT LÉGAL : JUIN 1987, N° 9668 (13224)

COLLECTION « L'HISTOIRE IMMÉDIATE »
DIRIGÉE PAR JEAN-CLAUDE GUILLEBAUD

EXTRAIT

JEAN-PAUL ALATA, Prison d'Afrique
MICHEL ALBERT, Le Pari français
Un pari pour l'Europe
ANDRÉ BACCARD, Les Martyrs de Bokassa
TAHAR BEN JELLOUN, Hospitalité française
JEAN BERTOLINO, Albanie, la sentinelle de Staline
HERVÉ BOURGES/CLAUDE WAUTHIER
Les 50 Afriques (2 tomes)
CLAIRE BRIÈRE/PIERRE BLANCHET
Iran : la révolution au nom de Dieu
PASCAL BRUCKNER, Le Sanglot de l'homme blanc
JEAN-YVES CARFANTAN
L'Europe verte sous influence
GÉRARD CHALLIAND, Mythes révolutionnaires du tiers monde
L'Enjeu africain
GILLES CHOURAQUI, La Mer confisquée
JEAN DANIEL, De Gaulle et l'Algérie
MICHEL DEBATISSE, Le Projet paysan
JEAN-FRANÇOIS DENIAU, l'Europe interdite
PIERRE-MARIE DOUTRELAND, Les Bons Vins et les Autres
La Bonne Cuisine et les Autres
RENÉ DUMONT, Chine, la révolution culturale
Finis les lendemains qui chantent
(1. Albanie, Pologne, Nicaragua)
(2. La Chine décollectivise)
(3. Bangladesh, Népal : « l'aide » contre le développement)
RENÉ DUMONT/MARIE-FRANCE MOTTIN
Le Mal-développement en Amérique latine
L'Afrique étranglée
RENÉ DUMONT/FRANÇOIS DE RAVIGNAN
Nouveaux Voyages dans les campagnes françaises
MAURICE DUVERGER, Les Orangers du lac Balaton
BRUNO ÉTIENNE, Algérie, cultures et révolution
IRÈNE GENDZIER, Frantz Fanon
BERNARD GRANOTIER, La Planète des bidonvilles
JEAN-CLAUDE GUILLEBAUD, Les Confettis de l'Empire
PIERRE HASKI, L'Afrique blanche
RAJ et RENÉE ISAR, L'Inde au-delà du mythe et du mensonge
JEAN-NOËL JEANNENEY, Leçon d'histoire pour une gauche au pouvoir
JEAN-NOËL JEANNENEY et MONIQUE SAUVAGE
Télévision, nouvelle mémoire
LAURENT JOFFRIN, La Gauche en voie de disparition
AMON KAPELIOUK, Enquête sur un massacre (Sabra et Chatila)
JEAN et SIMONNE LACOUTURE
Vietnam, voyage à travers une victoire
En passant par la France

Hubert Lafont-Philippe Meyer, Le Nouvel Ordre gendarmique
Jean-Daniel Le Franc, Industrie : le péril français
Daniel Leconte, Les Pieds-Noirs
Gilles Martinet, Sept Syndicalismes
Jean-Jacques Michel/Huang He
Avoir 20 ans en Chine... à la campagne
Alain Minc, L'Avenir en face
Le Syndrome finlandais
Marie-France Mottin, Cuba quand même
Jean-Pierre Moulin, Qu'est-il arrivé à la France ?
Antoine Ottavi, Des Corses à part entière
Pierre Pachet, La Violence du temps
Albert du Roy et Robert Schneider
Le Roman de la Rose
Raja Shehadeh, Tenir bon
Robert Solé, Le Défi terroriste
Viet Tran, Vietnam : j'ai choisi l'exil
Claude Wauthier, L'Afrique des Africains *(nouvelle édition)*
Jean Ziegler, Les Rebelles